KB014278

요약의 신이 떠먹여 주는
인류 명저 70권

일러두기

1. 본문의 괄호 안 글 중 옮긴이가 독자들의 이해를 위해 덧붙인 글은 옮긴이 주로 표시했습니다. 이 표시가 없는 괄호 안 글은 원저자의 글입니다.
2. 본문에서 인용한 고전의 글들은 이 책의 일본어 원서에 있던 글을 번역하여 실었습니다.
3. 책에서 다룬 단행본이 국내에서 출간된 경우 국역본 제목으로 표기하였고, 출간되지 않은 경우 최대한 원서에 가깝게 번역했습니다.
4. 책 제목은 겹낫표(『』), 편명, 논문, 보고서는 홑낫표(「」), 신문, 잡지는 겹꺾쇠(《》), 영화, TV 프로그램, 그림, 노래 제목 등은 꺾쇠(〈〉)를 써서 묶었습니다.

KOSHOTEN NO OYAJI GA OSHIERU ZETTAI OMOSHIROI SEKAI NO MEICHO 70 SATSU

ⓒ Takashi Atoda, Atsushi Hibino 2016
Korean translation right arranged with Mikasa-Shobo Publishers Co., Ltd., Tokyo
through Japan UNI Agency, Inc., Tokyo and ERIC YANG AGENCY

요약의 신이 떠먹여 주는
인류 명저 70권

히비노 아츠시 지음 아토다 다카시 감수 — 민윤주·김유 옮김

[유토피아]

[로마제국 쇠망사]

[순수이성비판]

[신체주의의 기원]

[군주론]

[손자병법]

[인구론]

[우파니샤드]

[신곡]

허클베리북스

"읽지 않았는데도 마치 읽은 것 같은 책은 무엇일까~요?"

답은 '고전'이다. 좀 뻔한 답 같지만 전혀 읽어본 적 없는데도 읽어본 듯하고 내용도 조금 알고 있는 것 같은 책. 그런데도 까보면 도무지 뭘 알고 있는지 모르겠는 책. 그런 책이 바로 '고전'이다.

우리가 고전을 읽는 이유는 지금 우리가 살고 있는 이 사회가 어떻게 구성되어 있는지, 그리고 어떻게 움직이고 있는지 그 원리를 그저 겉핥기식이 아니라 확실히 이해하기 위해서이다.

이것이야말로 '교양'이다. 이러한 교양을 얻으려면 일단 고전을 읽고 완전히 이해해야 하는데, 여기에는 큰 벽이 가로막고 있다. '재미없는 고전을 읽어야만 한다'라는 벽 말이다.

마크 트웨인은 이렇게 말했다. "고전이란 누구든 읽어야 한다고 생각하면서도 읽고 싶어 하지 않는 책이다."

과연 고전은 정말 재미가 없는 책일까? 아니, 재미없을 리가 없다. 고전이 재미없다면 시대를 넘어 사람들에게 계속 읽혀 왔을 리가 없지 않은가.

고전을 즐기는 사람들은 말한다. "왜 사람들은 고전을 읽지 않는 거지? 이렇게 재미있는 책이 또 없는데……."

고전을 즐기는 경지에 이르기 위해서는 오로지 성실하게 책을 읽는 것 말고는 다른 방법이 없다. 그런데 이렇게 수도승같이 책을 읽기만 하라고 강요한다면 아무도 좋아하지 않을 것이다.

내가 추천하고 싶은 고전 독서법은 각기 다른 저자가 쓴 고전 여러 권을 동시에 읽는 것이다. 두 권이나 세 권, 가능하다면 네다섯 권이면 더 좋다. 그렇게 여러 권을 함께 읽다 보면 책과 책 사이의 연관성이 보이고, 그 책을 쓴 시대 배경도 보인다.

고전은 외딴 섬처럼 다른 책과 관계없이 덩그러니 있는 게 아니다. 많은 책들이 서로 얽혀 있고 연결되어 있기에 우리는 이를 고전이라고 부른다.

처음에는 어떤 책과 어떤 책을 함께 읽으면 좋을지 좀처럼 감이 잡히지 않을 것이다. 드넓은 바다에 갑작스레 던져진 느낌이랄까. 그럴 때 이 책 같은 요약본을 읽는다면 방향을 정하기 한결 쉬워질 것이다. 이 책을 고전이라는 드넓은 바다를 건너기 위한 해양 지도처럼 써 주기를 바란다. 이 바다를 건너가면 분명히 '보물섬'에 다다를 것이다.

차례

서양편

기원전~10세기

11세기~16세기

17세기~18세기

19세기

20세기

동양편

서양편

기원전~10세기

『역사』

헤로도토스가 '역사의 아버지'가 된 이유

헤로도토스(기원전 485년경~기원전 420년경)
그리스의 역사가. 페르시아 전쟁에 대해 기록하였으며 '역사의
아버지'라고 불린다.

우리는 왜 헤로도토스를 '역사의 아버지'라고 부를까?

그의 대표작인 『역사』의 원서 제목 히스토리아는 헤로도토스가
이 책을 내기 전까지만 해도 '조사', '연구'를 뜻하는 말이었다. 그
런데 그가 히스토리아를 책 제목으로 쓰면서 이 말은 **'역사'라는
개념을 나타내는 언어로 재탄생했다.** 이것이 헤로도토스가 '역사
의 아버지'라고 불리는 이유다.

총 아홉 권으로 이루어진 이 책의 배경은 기원전 499년부터 기
원전 449년까지 일어난 아케메네스 왕조 페르시아와 그리스 도시
국가 연합군 사이에서 일어난 '페르시아 전쟁'이다.

헤로도토스는 이 전쟁을 기록하면서 눈으로 직접 본 증인의 증
언과 말로 전해 들은 풍문을 두 가지 축으로 삼았다. 전쟁의 배경

헤라클레스의 기둥
스페인 이베리아반도 남단에 있는 영국의 해외 영토 지브롤터에는 '헤라클레스의 기둥'이라는 바위산 형태
의 곶이 있다. 헤로도토스는 이곳에서부터 페르시아까지 광범위하게 조사해서 페르시아 전쟁을 기록했다.

이 된 지중해 여러 나라의 역사를 서쪽으로는 헤라클레스의 기둥
(지브롤터 해협에 있는 곳)부터 동쪽으로는 아케메네스 왕조 페르시아
까지 광범위하게 조사해서 정리했다. 오늘날에도 '페르시아 전쟁'
의 영향을 받아 일어난 전투들을 연구할 때 헤로도토스의『역사』
는 중요한 자료가 된다.

마라톤 경기의 유래가 된 '마라톤 전투'와 그 10년 뒤에 일어난
'살라미스 해전'에서 그리스군은 천신만고 끝에 페르시아에게 승
리했다. 그리고 결국 페르시아 제국을 물리치는 데 성공했다. 이
승리는 그리스에게 영광 그 이상의 의미였다.

당시 페르시아는 '부富'와 '황금'이 늘 수식어처럼 따라붙던 초강
대국이었다. 그에 비해 그리스는 '빈곤에서 벗어나지 못한' 나라들
의 연합일 뿐이었다. 이 연합의 맹주인 아테네는 엄청난 양의 은이
매장된 라우리온 은광산을 소유하고 있었지만, 전쟁이 일어나자

재정적으로 겨우겨우 버틸 수 있을 정도가 되었다.

막대한 부를 전장에 쏟아부은 페르시아를 상대로 그리스는 마른 걸레 쥐어짜듯 전쟁 비용을 짜내면서도 결국 승리했다. 그러나 이 승리는 그리스, 특히 주도적으로 싸운 아테네에 과도한 자신감을 불어넣었다.

『역사』속 유명한 에피소드 중에는 '크로이소스 왕과 솔론의 대화'가 있다. 리디아의 왕 크로이소스는 아테네의 현자 솔론을 맞아 "그대는 세상에서 가장 행복한 사람을 만나본 적 있는가?" 하고 물었다. 솔론이 말하는 행복한 사람 순위에 들지 못하자 화가 난 왕은 "내가 가진 행복은 아무 가치도 없는 것인가?" 하고 묻는다. 솔론은 이렇게 대답한다. "어떠한 일이든 그 결말을 끝까지 보는 것이 중요합니다. 울타리 너머로 행복을 잠깐 보았으나 결국 나락으로 떨어진 사람은 얼마든지 있습니다."

솔론의 말대로 훗날 크로이소스 왕은 리디아를 정복한 페르시아의 왕 키루스에게 포로로 잡혀 화형을 당할 위기에 처하고 만다. 죽음 직전에서야 솔론의 말을 떠올린 크로이소스 왕은 탄식하며 "솔론, 솔론, 솔론" 하고 외친다. 그 모습을 궁금하게 여긴 키루스 왕이 화형식을 멈추고 자초지종을 물었고 크로이소스 왕은 솔론 이야기를 해 준다. 키루스 왕은 그 순간 크게 깨닫고 크로이소스 왕을 살려 준다. 몽테뉴가『에세이』에서 다루었고, 헤겔이『자연법』에서 인용했던 바로 그 에피소드다.

또 다른 에피소드인 '칸다울레스 왕과 기네스' 이야기에는 아내의 나체를 신하인 기네스에게 보여 주는 왕이 등장한다. 배우자의 나체를 타인에게 보여줌으로써 흥분하는 '칸다울리즘Candaulism'이라는 심리학 용어는 이 이야기에서 유래했다.

또 지나치게 행복해지는 것을 두려워한 왕이 반지를 바다에 버린 후에 얼마 지나지 않아 요리된 생선의 뱃속에서 그 반지를 되찾은 일 때문에 자신이 멸망할 운명임을 깨달았다는 '폴리크라테스의 반지' 이야기도 나온다.

헤로도토스의 『역사』는 호메로스의 『일리아드』와는 다른 이야기를 '역사'로 전하고 있다. 『일리아드』에는 트로이 전쟁이 일어난 이유를 스파르타(그리스) 메넬라오스 왕의 아내 헬레네가 트로이 왕자 파리스와 사랑에 빠져 트로이로 도피를 한 데서 찾고 있다. 그녀를 스파르타로 돌려보내지 않아 전쟁이 일어났다는 것이다.

반면 헤로도토스의 『역사』에는 헬레네가 파리스와 함께 이집트로 흘러들어 왔는데, 이집트의 왕이 파리스만 돌려보내고 헬레네는 돌려보내지 않은 채 그곳에 잡아두었다고 적혀 있다. 『역사』에 따르면 스파르타의 트로이 공격은 말도 안 되는 착각 때문에 일이 꼬여 버렸기 때문인데, 스파르타는 트로이를 멸망시키고 나서야 겨우 진실을 깨달았다고 한다. 이것이 사실이라면, 공격을 당한 트로이가 왜 헬레네를 돌려주려 하지 않았는지, 또 스파르타 왕 메넬라오스도 스파르타의 국민들도 전쟁 원인을 제공한 헬레네를 어째서 선뜻 용서해 주었는지 납득할 수 있다.

『역사』는 역사적 사실뿐 아니라 인류학적·민속학적 사실까지 폭넓게 다루고 있으며 그리스와 페르시아뿐만 아니라 이집트, 에티오피아, 그 주변의 다른 민족들에 관해서도 적고 있다.

(좌) 「역사」, 2세기 초에 제작된 파피루스 판본, (우) 「일리아드」, 5~6세기에 제작된 그리스어 필사본

이처럼 역사의 주변부까지도 기록하는 수법을 두고 플루타르코스를 비롯한 다른 역사가들은 '쓸데없는 서술'이 너무 많다고 비판했지만, 현대 역사 연구에서는 오히려 현대적인 역사 기술 방법과 통한다고 재평가하고 있다.

여기서 '쓸데없는 서술'이란 사실 '이건 말도 안 돼'라고 부정당하기 딱 좋은 역사 서술을 말한다. 헤로도토스 자신도 그 사실을 알면서 쓴 듯하다. 그렇다면 재미있기만 하면 역사 서술에 거짓을 섞어도 되는 걸까? 이를 두고 어차피 역사는 '이야기'에 지나지 않는다는 허무주의적인 생각을 접붙일 수도 있다. 그러나 헤로도토스는 그런 허무주의적인 생각을 바탕으로 역사를 서술하지 않았다. 그는 역사를 마주할 때 허구와 사실의 구분보다 역사에 대한 '관점'을 중시한다. 그는 역사가라면 무엇을 마주하든 그것에서 눈을 돌려서 피하면 안 된다는 사실, 역사를 말하는 자는 '관점'을 늘 간직해야 한다는 점을 강조한다.

⓪② 『펠로폰네소스 전쟁사』

역사는 영원히 반복된다

투키디데스 (기원전 460년경~기원전 395년경)
헤로도토스의 제자. 역사를 객관적으로 바라보는 '실증사학의
시조'이다.

'투키디데스의 함정Thucydides's trap'이라는 말이 있다. 2012년에 그래이엄 앨리슨이라는 정치학자가 《파이낸셜 타임즈》에 기고한 논설에서 사용한 용어다. '새로운 강대국이 떠오르면 기존 강대국이 이를 두려워하여 견제하다 결국 큰 충돌로 이어진다'는 뜻이다.

앨리슨은 중국과 미국의 관계를 이와 대비하면서 '투키디데스의 함정을 피하자'는 의견을 내세웠다. 이처럼 투키디데스는 오늘날에도 살아 있다.

투키디데스가 저술한 『펠로폰네소스 전쟁사』(『역사』라 불릴 때도 많지만, 이 책에서는 헤로도토스 『역사』와 구별하기 쉽게 『펠로폰네소스 전쟁사』로 썼다)는 '펠로폰네소스 전쟁'(기원전 431년~기원전 404년)에 관해 쓴 책이다. 이 전쟁은 그리스가 페르시아와의 전쟁에서 승리한 이후, 그

「역사」라는 제목의 책을 쓴 두 역사가 (좌) 헤로도토스, (우) 투키디데스

리스의 주도권을 둘러싸고 아테네와 스파르타 사이에서 일어났다.

저자인 투키디데스는 기원전 424년, 젊은 나이에 아테네의 장군이 되었다. 당시 아테네에서는 서른 살부터 장군이 될 수 있었기 때문에 투키디데스도 서른 살을 조금 넘은 정도의 나이였다고 추정된다. 따라서 그가 태어난 해는 기원전 464년부터 455년 정도였을 것으로 보인다.

그는 많은 중요한 작전에 참전하였지만, 기원전 424년에 아테네의 식민지였던 암피폴리스가 스파르타의 브라시다스 군에 의해 점령당했을 때 이를 제대로 막지 못했다는 책임을 추궁당하여 망명한다. 망명 기간은 20년에 달했다. 이 20년의 망명 생활이 투키디데스가 아테네에도 스파르타에도 치우치지 않고 **중립적으로 관찰하는 관점**을 갖도록 해 주었다.

그는 냉정하다 싶을 정도로 철저하게 글을 썼고, 전쟁과 관계되지 않은 일은 쓰지 않았다. 너무 오래되어 검증할 수 없는 일과 청중의 귀를 사로잡기 위한 신화적 요소를 포함한 서술을 배제하고 자료를 엄격하게 검증한다고 선언했다. 투키디데스는 자신의 책에 대해 다음과 같이 말했다.

내가 기록하는 역사는 전설과 같은 이야기를 생략하였기 때문에 독자들은 그다지 재미있다고 생각하지 않을지도 모른다. 그러나 인간은 똑같은 일을 뉘우치지도 않고 반복해 버리는 존재이기에, 과거사에 관해 그리고 인간의 본성에 따라 언젠가는 비슷한 형태로 반복될 미래사에 관해 명확한 진실을 알고 싶어 하는 사람은 내 역사 기술을 유용하게 여길 것이다. 이 글은 독자에게 아양을 떨어 칭찬받을 목적이 아니라 미래에 유산으로 남기기 위해 쓴 기록이다. 투키디데스 『펠로폰네소스 전쟁사』

이런 점 때문에 투키디데스는 '실증사학의 시조'라 불린다.

투키디데스의 『펠로폰네소스 전쟁사』에서 현대적인 측면은 상황을 분석하는 관점에 있다. 표면상 펠로폰네소스 전쟁의 계기는 케르키라(혹은 코르키라)와 포티다이아의 지배를 둘러싼 분쟁이다. 하지만 투키디데스는 펠로폰네소스 전쟁의 진정한 원인은 이 분쟁이 아닌 페르시아 전쟁에 승리한 아테네의 세력 확대를 스파르타가 경계했기 때문이라고 설명한다.

이처럼 그는 눈앞에 있는 알기 쉬운 인과관계뿐만 아니라, 더 깊은 곳에 있는 진정한 인과관계를 찾고자 하였기에 오늘날에도 통용되는 객관적 역사 분석의 관점을 지닐 수 있게 되었다.

이러한 객관적 관점은 천 년도 더 뒤에 토마스 홉스의『리바이어던』에도 도입되었다. 홉스는 그의 첫 저술로『펠로폰네소스 전쟁사』의 번역서를 냈으며, 자신의 정치관을 만드는 데 투키디데스가 밑바탕이 되었다고 자서전을 통해 고백하기도 했다.

그러나 투키디데스가 역사를 바라본 객관적 관점은 시대를 너무 앞서 나간 것 같다. 당시 독자들은 그의 역사서에 큰 관심을 두지 않았다. 그 때문인지 아니면 투키디데스가 집필 도중에 죽었기 때문인지는 확실하지 않지만(암살설도 있다)『펠로폰네소스 전쟁사』는 '27년간의 전쟁사를 쓰겠다'고 예고했음에도 21년째를 서술하는 중간쯤에서 느닷없이 끝나 버린다.

투키디데스의 글이 독자들에게 인정받기 시작한 계기는 소크라테스의 제자 크세노폰(『아나바시스』등의 저서를 썼다)이 투키디데스가 『펠로폰네소스 전쟁사』에서 다 못 쓴 부분을 자신의 저서『그리스 역사』에 보충해서 간행한 뒤부터다.

03 『향연』
놀랍게도 사랑에 관한 책

플라톤 (기원전 427년~기원전 347년)
고대 그리스의 철학자. 서양철학의 근본을 만들었다.

'플라토닉 러브'라는 단어를 써 본 적 있는 사람이라면 이미 중년의 나이일지도 모르겠다. 젊은 독자 중에는 이 단어를 모르는 사람들도 꽤 있을 테니 이 단어에 대해 설명하고 넘어가겠다.

플라토닉 러브는 '육체적 관계를 따르지 않는 정신적인 사랑'을 일컫는 말이다. 플라톤이 이를 이상적인 사랑이라 여겼기 때문에 그의 이름을 따서 '플라토닉'이라는 말을 붙이게 되었다고 알려져 있다. 그런데 사실 이 단어는 플라톤의 말이 아니라, 플라톤이 쓴 『향연』의 중세 시대 판본에 붙은 주석에서 나온 말이다.

『향연』은 플라톤의 대표작이다. 어쩌면 그의 또 다른 대표작인 『소크라테스의 변명』보다도 더 많은 사람이 읽었을지 모른다. 『향연』의 부제는 '에로스 이야기'다. 여기서 에로스는 그리스 신화에서 가이아와 함께 카오스에서 생겨난 오래된 신이며, 타인에 대한 인간의 욕망을 좌우하는 존재이기도 하다.

『향연』은 이야기 형식으로 되어 있다. 먼저 소크라테스가 디오티마라는 여성과 나눈 '대화'를 향연에서 이야기하고, 그 향연의 모습을 아폴로도로스가 친구인 글라우콘에게 '내가 소크라테스의 친구였던 아리스토데모스에게 들은 얘기인데……' 하고 이야기로 풀어낸다. 이것을 플라톤이 다시 쓰는 형식이다.

그러나 이 이야기 속에 저자 플라톤은 등장하지 않는다. 살짝 옛날이야기 형태로 쓰여 있어 시기상으로 보면 플라톤이 11살쯤 되었을 때의 이야기이기 때문이다.

이 이야기는 기원전 416년, 시인인 아가톤이 비극 경연에서 우승한 바로 다음 날 아가톤의 저택에서 열린 축하연 자리가 배경이다. 당시에는 이런 연회에서 소파베드처럼 생긴 '클리네'라는 침대를 방 벽 쪽에 쭉 늘어놓고 거기 드러누워 과일을 먹거나 와인을 마시면서 담화를 즐기는 풍습이 있었다.

『향연』의 전반부에는 이런 분위기 속에서 술에 취한 사람들끼리 나누는 사랑에 대한 허물없는 잡담들이 나온다. 이 잡담은 향연의 참가자인 에릭시마코스가 사랑의 신 에로스를 담론의 주제로 삼자고 제안하면서부터 시작된다. 그 이야기 중에 아리스토파네스의 세 가지 성에 관한 이야기는 지금도 널리 알려져 있다. 어쩌면 이 이야기가 『향연』의 내용 중에서 가장 유명할지도 모르겠다.

그에 따르면 태초에 인간은 남성, 여성, 자웅동성 이렇게 세 가지 성으로 구성되어 있었다. 그들은 모두 네 개의 손과 발을 갖고 있었다. 이를 제우스가 각각 둘로 나누었기에 원래 '남성'이었던 인간은 자기와 같은 남성에게 끌리게 되고, 원래 '여성'이었던 인간은 자기와 같은 여성에게 끌리며, 원래 '자웅동성'이었던 인간은 이성에게 끌린다는 이야기이다.

이런 이야기 말고도『향연』에 나오는 다른 남자들은 '플라토닉' 하기는커녕 꽤나 노골적으로 소년애(파이데라스티아)에 대한 찬양을 반복한다.

이렇게 에로스에 대한 찬양으로 이야기가 끝나가려 할 때, 소크라테스는 '디오티마라는 여성에게 가르침받은 것'이라며 에로스 그 자체는 좋지도 나쁘지도 않은 것이라고 이야기한다.

소크라테스에 따르면 에로스는 좋은 것, 아름다운 것을 영원히 소유하고자 하는 욕망이다. 이처럼 좋은 것을 영원히 소유하기 위해 에로스가 하는 일은 생명을 잇는 일, 즉 출산이다. 여기에는 정신적인 출산도 포함된다. 그러므로 에로스가 궁극적으로 지향하는 것은 바로 지성Sofia이다. 지성은 영원한 것을 지향하기 때문이다. '지知를 사랑하는 일Philosophos', 즉 **철학Philosophy이야말로 에로스가 진정으로 추구하는 것이다.**

소크라테스는 에로스의 다음 단계로 아름다운 '이데아Idea'가 있으며, 에로스는 이데아를 지향하는 정신이라고 덧붙인다.

여기까지 이야기가 진행되었을 때쯤, 소크라테스의 옛 애인인 알키비아데스라는 남자가 난입해서 향연은 혼란스러워진다. 결국 모두 술에 취해 잠이 들고, 소크라테스는 홀로 술에 취하지 않은 채 자리를 떠난다.

1869년 안젤름 포이어바흐가 그린 〈플라톤의 향연〉
오른쪽 중앙 벽 가까이에 있는 소크라테스는 향연장에서 등을 돌리고 고개를 숙이고 있다.

영국의 철학자 화이트헤드에 따르면 '서양철학은 플라톤 철학의 방대한 주석에 지나지 않는다'. 그렇다고 그런 플라톤의 저서가 난해하고 까다롭기만 하냐 하면 꼭 그렇지만도 않다. 플라톤은 말년의 일부 작품을 제외하고는 대부분 평소 소크라테스가 누군가와 나눈 대화를 책으로 기록했기 때문이다. 『향연』 역시 대화 형식으로 만들어졌다.

소크라테스는 스스로 저작을 남기지 않았으며, 대화를 중시했다. 책은 오해를 불러일으킬 가능성이 있지만, 대화는 오해를 그 자리에서 바로바로 수정할 수 있다고 생각했기 때문이다. '변증법'을 뜻하는 'dialectic'의 원래 뜻은 '대화'다.

'향연'은 그리스어로 심포시온symposion이라고 하며 이는 심포지엄symposium의 어원이기도 하다. 소크라테스는 『향연』에서 보듯 대부분의 대화에서 구어체를 사용했으며, 어려운 용어나 개념을 남용하지 않고 상대방이 제기하는 문제를 곰곰이 들은 뒤에 끈기 있고 신중하게 상대방을 깨우쳐 나간다. 그가 사람들과 나누는 대화를 보고 있으면 철학의 본 모습이 바로 이런 모습이 아닐까 하는 생각이 든다.

(04) 『형이상학』

자연과 세계는 어떻게 존재하는가

아리스토텔레스 (기원전 384년~기원전 322년)
고대 그리스의 철학자. 플라톤의 제자였으나 뒷날 스승을 비판
한다. 철학의 한 흐름을 만들었다.

18세기 즈음까지 유럽에서는 '철학'을 PHILOSOPHY라고 대문
자로 쓰면 아리스토텔레스의 『형이상학』을 가리켰으며, 대문자로
쓴 '철학자' PHILOSOPHUS는 아리스토텔레스를 가리켰다.

사실 '형이상학'이라는 단어의 원어인 'τὰ μετὰ τὰ φυσικὰ βιβλία Ta
meta ta physika biblia'의 원래 의미는 '자연학의 뒤에 놓인 논문' 정도
다. 이 제목은 아리스토텔레스의 책 『자연학』 뒤에 따로 묶어 놓은
글들을 가리킬 마땅한 이름이 없어 붙게 되었다. 'ta physika'는 자
연학, 'meta'는 다음이라는 뜻인데, 이 단어는 복수형을 나타내는
'ta'라는 관사를 '저서(들)'로 해석하여 '자연학에 관한 책을 더 깊이
이해하도록 돕는 책'이라 의역되었다. 이것은 라틴어로 '메타피지
카metaphysica'라고 번역되었고, 영어로는 '메타피직스metaphysics',

라파엘로가 그린 〈아테네 학당〉 속 플라톤과 아리스토텔레스
플라톤은 하늘을, 아리스토텔레스는 땅을 가리키고 있다.

즉 '형이상학'으로 고착되어 현재는 철학의 한 분야를 형성하고 있다(한자 문화권에서 쓰이는 '형이상形而上'이란 말은 『역경－계사전易經－繫辭傳』에서 유래한 말이다).

아리스토텔레스가 최초로 주창한 형이상학이란 '자연과 세계는 어떻게 존재하는가'를 밝히고자 하는 생각을 말한다.

『형이상학』은 총 14권으로 구성되어 있고, 각 권에는 그리스 문자로 ΑαΒΓΔΕΖΗΘΙΚΛΜΝ라는 기호가 붙어 있다. 원래는 따로따로 기술된 논문, 혹은 강의 원고였는데 편집 과정에서 이같은 형식으로 만들어진 것으로 보인다. 각 권의 내용을 살펴보면 다음과 같다.

A 4대 원인론과 플라톤 철학에 대한 비판

α 진리를 연구할 때 알아 두어야 할 사항

B 철학 문제 모음

Γ 제일의적 존재의 연구에 대하여

Δ 철학 용어 사전

E 존재의 네 가지 의의 및 참으로서의 존재와 거짓으로서의 비존재

Z 참다운 실체는 형상이라는 것

H 앞서 서술한 여러 이론의 요약과 질료質料로서의 실체

Θ 디나미스에서의 존재(가능적 존재)와 에네르게이아에서의 존재(현실적 존재)에 대하여. 또한 완료적인 현실태(엔텔레케이아)에 대하여

I 일(1)에 대하여. 일(1)은 실체도 아니며 기체도 아니다

K 여기까지 서술한 이론의 정리와 복습

Λ 실체야말로 연구 대상이다. 움직이지 않는 실체는 존재해야 하며, 운동이 영속적이라면 세계는 움직이지 않는 움직이는 자(이른바 '신')에게 의존한다.

M 이데아 설說에 대한 비판

N 수는 어떻게 원리가 될 수 있는가

이 중에 소문자 α권은 다른 권과 비교했을 때 조금 특이하다. 이

권에만 소문자 기호가 붙어 있는 이유는 다른 논문들로 먼저 책의 형태를 갖추고 나서 가장 마지막에 삽입되었기 때문이다. 실제로 기원전 100년경에 쓰여진 『아리스토텔레스전』의 저작 목록에는 이 책『형이상학』이『형이상학 13권』으로 표기되어 있다.

많은 학자들이 이 α권을 아리스토텔레스가 쓴 것이 확실하다고 보고 있으나 다른 권들과 비교해 보았을 때 본문과 관련성이 적고, 지금까지 밝혀진 아리스토텔레스의 다른 저서들을 보아도 α의 내용을 원용한 글은 하나도 찾아볼 수 없다. 그러나 3장章으로 이루어진 α의 내용은 다른 논문들보다 훨씬 더 '아리스토텔레스답다'.

『형이상학』에서는 '자연과 세계가 어떻게 존재하는가' 하는 문제를 풀기 위해 로고스logos보다는 실체로서의 '형상', 즉 에이도스eidos를 먼저 찾아내야 한다고 말한다. 아리스토텔레스는 모든 존재자와 그들의 운동이 지향하는 바를 '신theos'이라고 불렀다. 그리고 그의 **형이상학은 영원한 신적 존재를 논하는 제1의 철학이 되었다.**

형이상학은 아리스토텔레스의 '신학theologikē'이며, 이는 후세의 스콜라 철학으로 이어진다.

『성서』

성서가 외설적인 책이라고?

성서 (기원전 4세기경? 제작)
유대교와 기독교의 성전. 세계에서 가장 많이 팔린 책이기도
하다.

『성서』가 만들어진 사연에는 아직도 수수께끼가 많다. 가장 오래된
사본인 '사해사본'에 대해서도 여러 설이 있다.

고대에 여기저기 흩어져 있던 문서들을 우여곡절 끝에 성서라는
한 권의 책으로 묶은 시기는 기원전 4세기경으로 보인다. **히브리
어나 아람어로 적힌 문서를 그리스어로 번역하여 정리했다.** 영어
로 성서를 'Bible'이라 부르는 까닭은 그 이름을 그리스어 'biblia(책)'
에서 따왔기 때문이다. 당시에는 아직 그리스도교, 즉 '기독교'라는
종교가 없었으므로 이 성서는 유대교의 책이다. 이 시대의 성서는
뒷날 『구약성서』라 불리게 된다. '구약'이란 '옛 계약'이라는 뜻으로
여기서 '계약'은 '신과의 계약'을 의미한다.

『구약성서』와 달리 『신약성서』는 '새로운 계약'에 관한 책이다.

1450년대 구텐베르크가 마인쯔에서 인쇄한 성서

『신약성서』에는 **예수 그리스도와 그 제자들의 업적이 적혀 있다.**

그러면 『구약성서』와 『신약성서』가 서로 아주 연관이 없는가 하면 그렇지도 않다. 기독교에서는 그리스도의 출현이 『구약성서』속에 예언되어 있다고 주장한다. 예수도, 그의 제자들도 처음에는 모두 유대교 신자들이었다. **'기독교 신자'라는 말은 『신약성서』 중에서도 앞부분의 '복음서'가 끝나고 「사도행전」에 이르러서야 겨우 등장한다.**

『구약성서』의 내용은 종파에 따라 차이가 있지만 주된 내용은 다음과 같은 문서 순으로 이루어져 있다.

1. 모세 오경: 세계의 기원을 기록한 「창세기」, 모세의 이집트 탈출과 시나이산에서의 계약을 그린 「탈출기」, 율법에 대한 「레위

기」, 이스라엘 백성의 방랑을 그린 「민수기」, 모세의 세 가지 설화를 정리한 「신명기」.

2. 역사서: 약속의 땅을 무력으로 점령한 「여호수아기」, 다른 민족을 침략하고 제거하는 이야기를 쓴 「판관기」, 가난한 가운데에서도 율법을 지키는 나오미와 룻의 이야기인 「룻기」, 마지막 판관인 사무엘과 다윗의 이야기를 쓴 「사무엘기」, 솔로몬이 왕위에 오른 이야기부터 예루살렘의 함락까지 보여 주는 「열왕기」, 이스라엘의 족보와 다윗의 통치와 솔로몬의 통치에 대해 기록한 「역대기」, 바빌론 유수에서 해방된 후 에즈라의 업적을 그린 「에즈라기」, 에즈라기의 이야기가 이어지는 「느헤미야기」, 페르시아 왕의 왕비가 된 유대인 여성 에스테르가 활약하는 「에스테르기」.

3. 지혜서: 「욥기」, 「시편」, 「잠언」, 「코헬렛」, 「아가」.

4. 예언서: 그리스도가 온다고 예언한 「이사야서」, 멸망과 구원의 예언을 이야기한 「예레미야서」, 예레미야가 쓴 「애가」, 바빌론 유수로 인해 이스라엘이 파괴될 것이며 이는 하느님이 유대인에게 노하여 심판을 내리기 때문이라고 예언한 「에제키엘서」, 바빌론에 포로로 끌려가 네부카드네자르에게 이용당한 다니엘이 쓴 「다니엘서」.

5. 소예언서: 「호세아서」, 「요엘서」, 「아모스서」, 「오바드야서」, 「요나서」, 「미카서」, 「나훔서」, 「하바쿡서」, 「스바니야서」, 「하까이서」, 「즈카르야서」, 「말라키서」.

『신약성서』는 다음과 같은 내용이다.

마태오, 마르코, 루카, 요한의 '복음서'에서는 예수 그리스도의 전기가 그려진다. '복음서' 뒤에 오는 「사도행전(사도언행록)」, '바오로 서간', '공동 서간'에서는 예수의 제자들이 선교하는 방식이 전해진다. 마지막에는 「요한 묵시록」이 자리하는데 여기서 세계의 종말이 그려지고 최후의 심판이 예언된다.

구약과 신약은 그 내용의 경향이 꽤 다르다.

『구약성서』는 상당히 부도덕한 에피소드가 많아서 '성스러운 이야기'를 기대하고 읽으면 당황하게 된다. 리처드 프랜시스 버튼은 자신이 번역한 『아라비안 나이트(천일야화)』가 외설스럽다고 비난받았을 때 '세계 3대 외설서'는 『아라비안 나이트』, 프랑수아 라블레의 책, 그리고 『성서』라고 반박했다고 한다.

『성서』가 라틴어로만 존재했을 때, 성당에서 신부들은 이런 외설적인 부분은 빼고 설교했다. 나중에 각 나라의 말로 번역된 『성서』를 처음 읽은 사람들은 분명히 깜짝 놀랐을 거다.

06 『갈리아 전쟁기』
의도치 않게 탄생한 리더십의 교과서

가이우스 율리우스 카이사르 (기원전 100년~기원전 44년)
로마제국의 초석을 쌓은 영웅. 마지막에 브루투스에게 암살되
었다.

"Gallia est omnis divisa in partes tres."

(갈리아는 모두 세 부분으로 나뉘어 있다.)

『갈리아 전쟁기』 첫 구절이다. 라틴어를 공부하는 사람들 다수가
이 문장을 처음으로 배운다고 한다. **『갈리아 전쟁기』는 라틴어로
쓰여진 대표적인 명문**이며 카이사르의 정적 키케로조차 그 문장
의 아름다움을 칭송했다. 문체는 철저하게 이성적이고, 관점은 금
욕적이라 할 수 있을 정도로 객관적이며 기교를 부리는 곳이 없다.
게다가 이 책은 '갈리아인(갈리아 지역에 거주하는 켈트족)과의 전쟁'을
다루면서 누가 어떤 잘못을 했는지 따지는 오류를 범하지 않고, 단
지 전쟁에서 승리하는 과정을 기술하는 데 그치는 게 아니라 정치

적으로 갈리아인을 굴복시키는 과정까지 독자들에게 전달하고 있다. 카이사르는 이 책에서 '전쟁'이 그저 자신의 힘을 과시하는 장이 아니라 정치의 연장선 위에 있다는 점을 아주 멋지게 묘사했다.

가이우스 율리우스 카이사르

카이사르가 『갈리아 전쟁기』를 쓴 이유는 **그에게 이 책이 꼭 필요했기 때문이다.** 원로원과 그 밖의 많은 정적을 갖고 있던 카이사르는 갈리아에서 벌인 이 전쟁으로 인해 정치적으로 발목이 잡히게 될지도 몰랐다. 한쪽에서는 카이사르를 전쟁 범죄자로 몰아서 갈리아에 넘기려는 움직임까지 있었다. 카이사르는 자신이 갈리아에서 얼마나 정당하게 싸웠는지를 설득력 있는 문장으로 대중에게 널리 알려야만 정적으로부터의 공격을 피할 수 있었다.

당시 많은 로마 시민들은 카이사르가 갈리아에 쳐들어간 진짜 이유가 로마를 더욱 발전시키기 위해서가 아니라, 갈리아의 재산을 빼앗아서 로마가 지고 있는 빚을 한꺼번에 탕감하려는 목적이라고 믿고 있었다. 카이사르의 정적들은 물론이고 카이사르를 지지하는 사람들까지 이런 생각을 가지고 있었다.

갈리아 전쟁 전까지 카이사르는 사람의 마음을 움직이는 웅변술에 능하다거나 강대한 군사력, 정치가로서의 과감한 행동력을 보여 주어서라기보다는 돈을 호탕하게 선심 쓰듯 써서 인기를 끌었다. 마키아벨리는 『로마사 논고』에서 다음과 같이 분석하고 있다.

카이사르를 찬양하는 무리는 그의 재력에 매수되었거나, 카이사르의 명성 아래 제국이 끝없이 이어지는 것에 완전히 위축되어서 카이사르에 대해 마음껏 떠들 수 없게 된 인간들이었다. 니콜로 마키아벨리 『로마사 논고』

카이사르의 집안은 부유하지 않았다. 혈통은 좋았지만 재력이 부족했다. 당시 로마에서는 재력이 없으면 출세를 기대하기 어려웠다. 로마뿐만 아니라 고대에 융성했던 국가들도 대개 그랬다.

카이사르는 필사적으로 돈을 벌었다. 그리고 때때로 빚까지 져가며 돈을 써 댔다. 뇌물을 주는 데 돈을 썼을 뿐 아니라 수백 달란트를 들여 성대한 검투 대회를 열어서 대중의 인기를 돈으로 사는일도 했다.

이렇게 많은 돈을 써왔기 때문에 카이사르는 더욱 자신이 그저 돈을 쓰기만 하는 인간이 아니라는 점을 자신의 정적과 지지자들에게 보여 줄 필요가 있었다.

『갈리아 전쟁기』에서 카이사르는 자기의 행동을 3인칭으로 쓰면서 **자기야말로 로마의 지도자로 적합한 인간**이라는 점을 간결하면서도 아름답고 설득력 있는 문장으로 표현했다. 이 때문에 이 책은 저자의 의도와 관계없이 '지도자는 어떤 존재여야 하는가'라는 질문에 대한 시대를 뛰어넘는 보편적 대답이 되었다. 그 결과 『갈리아 전쟁기』는 라틴어의 교과서로서뿐 아니라 **리더십의 교과서로**도 읽히게 된 것이다.

라틴어를 배우지 않는 사람들에게도 『갈리아 전쟁기』는 인생을 개척해 나갈 때 중요한 시사점을 주는 훌륭한 참고 문헌이 된다.

『갈리아 전쟁기』에서 보듯 훌륭한 고전은 필자의 의도를 넘어 아주 먼 후세에도 영향을 끼친다.

카이사르는 갈리아인을 대할 때 함부로 무시하지 않았으며 때로는 로마 시민들과 동등하게 대했다. 카이사르에게 복종한 갈리아인들 다수가 카이사르의 양자가 되었고 로마 시민권을 얻었다. 『갈리아 전쟁기』의 객관적인 서술은 갈리아인들의 용맹하면서도 절도 있는 태도를 후세에 전하고 있다.

이 책에서 묘사된 갈리아인의 모습은 유럽인, 특히 프랑스인의 민족적 긍지에 강한 영향을 주었다. 그 결과 제7권에 나오는 '갈리아인의 반란'을 재평가해야 한다는 목소리가 높아졌고, 카이사르에 맞선 반란의 주모자였던 베르생제토릭스는 프랑스 역사상 첫 번째 영웅으로 인정받게 되었다. 현재 프랑스에는 베르생제토릭스의 동상이 세 군데나 세워져 있다.

사실 정치가의 저작 중에는 재미없는 책이 많다. 그 책이 자기의 이야기를 쓴 것이라면 더더욱 그렇다. 그런 맥락에서 이 책은 '정치가의 손에서 나온 유일한 명저'라고 할 수 있다. 카이사르는 이 책을 남겼다는 사실만으로도 특별한 정치가였다.

07 『영웅전』

2인 1조로 묶어서 본 그리스·로마의 영웅

플루타르코스 (46년 또는 48년 경~127년 경)
고대 로마의 역사가이자 문필가. 수많은 저서를 남겼으며 후세에도 많은 영향을 끼쳤다.

플루타르코스가 쓴 이 책은 보통『영웅전』이라 불리지만 원래는 제목이 없었다. 영어로는 'Lives' 혹은 'Parallel Lives'라는 제목이 붙었고, 『대비열전對比列傳』이라고 불리는 경우도 있다. '대비열전'이라는 제목은 그리스와 로마에서 유사한 유형의 인물을 한 명씩 뽑아 그 둘을 대비해 가며 서술한 이 책의 서술 방식에서 비롯되었다.

일본에서는 1894년 모리 신타로 번역으로 나온『플루타르크 영웅전』때문에 이 책을 일반적으로『영웅전』이라고 부르게 되었다. 1947년에 아오키 이와오 번역본을『대비열전』이라는 제목으로 발행했지만 책이 잘 팔리지 않자 회수해서『영웅전』이라는 제목으로 다시 책 커버를 바꿔 씌워 팔기도 했다. 이후로 일본에서는 이 책을『영웅전』으로 부르는 흐름이 굳어졌다.

2인 1조로 한 쌍을 이루어 나오는 그리스와 로마의 몇몇 '영웅'들을 표로 정리해 보면 다음과 같다.

그리스	로마
테세우스 아테네의 국민적 영웅	**로물루스** 로마 건국자이자 최초의 영웅
솔론 그리스의 일곱 현인 중 한 사람 아테네 시민법을 제정	**포플리콜라** 로마 최초의 집정관 국민을 보호하는 법을 제정
페리클레스 고대 아테네의 위대한 정치가 민중의 몰이해를 견딤	**파비우스 막시무스** 한니발을 농락한 명장 동료의 몰이해를 견딤
알키비아데스 소크라테스의 연인 아테네를 배신한 정치가	**마르키우스 코리올라누스** 로마를 배신하고 멸하게 하려 한 귀족
에우메네스 알렉산더대왕의 후계자 중 한 사람 조국에서 도망쳐 타향에서 군을 지휘함	**세르토리우스** 술라파에 대항하고 로마에서 도망쳐 에스파냐 정부를 만듦
알렉산드로스 알렉산더대왕 인도까지 점령한 세계사적 영웅	**카이사르** 줄리어스 시저 로마제국의 초석을 쌓은 영웅

「영웅전」의 1727년 영문 번역본 가운데 제3권

　현재 전해지는 『영웅전』은 처음에 쓰여진 그대로가 아니고 일부 내용이 흩어져서 없어진 것이라고 한다. 몇 쌍의 대비열전도 한쪽의 비교 부분이 남아 있지 않다.

　역사적 인물을 한 사람의 인간으로서 묘사한 그 필치는 후대 작가들에게 커다란 영감을 주었다. 셰익스피어가 쓴 사극『줄리어스 시저』,『안토니와 클레오파트라』,『코리오레이너스』 등은 플루타르코스의 저서에서 영감을 받아 만든 작품들이다.

⑧ 『로마황제열전』

로마 황제들도 다 그저 그런 '보통 사람'이었다

가이우스 수에토니우스 (70년경~140년경)
고대 로마의 정치가이자 역사가. 트라야누스 황제와 하드리아
누스 황제를 섬겼다.

플루타르코스가 『영웅전』을 쓰던 무렵 수에토니우스는 『로마황제
열전』을 총 여덟 권으로 나누어 썼다. 훗날 구전된 로마 황제의 에
피소드 중에서 많은 이야기가 이 책에서 나왔다.

제1권－카이사르

누구나 다 알 만큼 유명한 가이우스 율리우스 카이사르, 영어 발
음으로 하면 줄리어스 시저를 다룬다. 그가 젊었을 때 로마의 종신
독재관이었던 술라는 카이사르를 가리켜 이렇게 말했다. "칠칠맞
게 띠를 두르고 있는 저 애송이를 조심하라." 그리고 이 예언은 그
대로 적중했다. 카이사르는 술라의 뒤를 이어 종신독재관을 지내
며 로마를 지배했다. 그가 가장 기뻐한 것은 월계관을 계속 쓰고

있을 수 있는 권리였다고 한다. 그 이유는 대머리를 감출 수 있었기 때문이었다.

제2권－아우구스투스

카이사르가 죽은 후 아우구스투스는 카이사르의 이름을 이어받고 초대 로마 황제가 되었다. 본명은 옥타비아누스이며 아우구스투스는 뒤에 붙여진 호칭이다. 아우구스투스는 '존엄자'라는 의미다. 그는 검소하게 살았으며, 입는 것과 먹는 것에 사치 부리지 않고, 술도 조금만 마셨다. 그러나 이성 관계는 좀 복잡해서 친구들조차 그가 빈번히 남의 아내와 불륜을 즐긴 일을 부인하지 않았다.

제3권－티베리우스

로마의 2대 황제. 그의 아버지는 아우구스투스와 대립하는 세력에 속해 있었다. 따라서 티베리우스는 어린 시절 여기저기 도망 다녀야만 했다. 평화가 찾아온 뒤에는 군대에서 두각을 나타냈고 아우구스투스의 측근이 되었다. 아우구스투스의 후계자가 연이어 사망하자 티베리우스는 마침내 그의 양자가 되어 국가원수를 거쳐 로마의 황제가 된다. 국민에게는 도덕을 지키고 절약할 것을 강조했지만, 정작 자신은 술고래에 대식가였으며 이를 전혀 부끄럽게 여기지 않았다.

제4권－칼리굴라

로마의 3대 황제. 본명은 가이우스 게르마니쿠스이며, '칼리굴라'는 별명이다. 그는 어린 시절 자주 병사처럼 옷을 입고 놀았는데 그 모습을 본 병영의 병사들이 그를 '칼리굴라'라고 부르기 시작했다. 칼리굴라는 '작은 군화'라는 뜻이다. 칼리굴라 황제에 대해서는 거의 악평만 전해진다. 그는 여자를 보면 가리지 않고 손을 댔고, 그의 낭비벽에서 비롯한 지출은 국가를 재정 위기에 빠트렸다. 결국 그는 군대에 의해 암살되었다.

제5권 – 클라우디우스

로마의 4대 황제. 클라우디우스는 매우 병약하여 여러 가지 병으로 고생했다(후대의 연구에 따르면 뇌성마비가 의심된다). 그의 어머니는 그에게 '사람 모습을 한 괴물'이라고 저주하기도 했다. 그는 뇌물로 병사들의 충성심을 얻어서 황제 자리에 올랐다. 클라우디우스는 잔인한 면모가 있었지만 겁도 많고 소심했다. 아내인 아그리피나에게 독살당했다.

제6권 – 네로

로마의 5대 황제. 폭군의 대표 주자로 꼽힌다. 아그리피나가 클라우디우스와 결혼하기 전 다른 배우자 사이에서 낳은 아들이다. 본래 아그리피나가 클라우디우스의 조카였으므로 네로는 카이사르의 피를 물려받은 존재였다. 방종, 음란, 사치, 탐욕이 극에 달했으며 마지막에는 반란군에게 살해되었다.

네로와 아그리피나
네로를 황제 자리에 앉힌 그리피나는 네로가 22살 되던 해 살해된다. 주범은 월계관을 받은 아들 네로였다.

제7권 – 갈바, 오토, 비텔리우스

네로를 마지막으로 카이사르의 혈통은 끊어졌지만, 어느새 로마에 황제는 없어서는 안 될 자리가 되어 있었다.

6대 황제인 갈바는 네로 이후 로마를 다시 세우고자 했으나 이미 나이가 많아서 생각대로 일이 순조롭게 진척되지 않았다. 그는 결국 오토에게 살해당하고 황제 자리를 빼앗긴다.

7대 황제 오토는 로마를 불과 3개월만 통치하고 비텔리우스의 군대와 싸워서 지고 스스로 생을 마감한다.

8대 황제 비텔리우스는 대식가였다. 로마인은 배가 부르면 속을 게워 내고 다시 먹는다고 많이들 이야기하는데 이 이야기의 근원이 이 사람이다. 비텔리우스도 마지막에 살해당하고 강에 버려진다.

제8권 – 베스파시아누스, 티투스, 도미티아누스

혼란기를 거쳐 강력한 힘으로 군을 장악한 베스파시아누스가 9대 황제로 제위에 올랐다. '돈에서는 냄새가 나지 않는다'라고 말한 바로 그 사람이다. 로마제국의 재정 재건에 힘썼으며 69세에 병으로 죽는다.

티투스와 도미티아누스는 베스파시아누스의 두 아들이다. 티투스는 냉혹하고 방탕했으며, 도미티아누스는 정욕의 노예였다. 그러나 이 둘의 통치는 이전과 비교하면 그럭저럭 괜찮았다.

『로마황제열전』은 로마라는 거대한 제국을 지배한 '황제'들이 신이 돌본 특별한 위인이 아니라 '보통 사람'이었다는 점을 그린다. 그중에는 '보통' 이하의 인물도 있었다. 그들은 그냥 보통의 권력자였으며 그저 그런 지배자였다. 그다지 대단한 존재가 아니었다는 말이다.

서양편

11세기~16세기

『신학대전』

철학과 기독교를 융합하다

토마스 아퀴나스 (1225년경~1274년)
기독교에 아리스토텔레스의 철학을 도입하여 중세 유럽에 스콜라 철학의 전성기를 가져왔다.

아리스토텔레스 철학과 기독교. 토마스 아퀴나스는 그 당시에 물과 기름처럼 도저히 섞일 수 없을 것처럼 보였던 두 가르침을 새로운 해석으로 융합했다.

그는 영혼의 내적 심화를 통해 신에게 다다르고자 하지 않고, 자연 경험에 의거한 '다섯 가지의 길'이라는 방법론을 써서 신의 존재를 증명하고자 했다.

1. '움직이는' 일, '변하는' 일이 신에 다다르게 한다. '움직이는'(현재형이라 부른다) 일은 '움직일 수 있다'(가능형이라 부른다)는 가능성을 통해 실현된다. '변하는' 일도 마찬가지로 '변할 수 있다'를 거쳐야만 실현된다. 이 '움직이다'와 '움직일 수 있다', '변하다'와 '변할 수 있

1471년에 베노초 고촐리가 그린 〈플라톤과 아리스토텔레스 사이 토마스 아퀴나스의 승리〉

다'가 동시에 존재하는 일은 불가능하다. 만약 움직이고 있다면 '움직일 수 있는'이라는 가능형으로서의 상태가 아니며, 변해 버렸다면 '변할 수 있는' 상태가 아니기 때문이다. 이렇듯 운동과 변화의 과정은 다른 것이 움직임으로써 움직여지고, 다른 것이 변함으로

써 변화되는 것이다. 이 연속을 더듬어 가다 보면 최초로 움직인 것(변한 것)에 다다를 수 있게 된다. 이 '가장 처음 움직인 자'가 바로 신이다. 아리스토텔레스가 말하는 '부동不動의 동자動者', 즉 움직이지 않는 움직이는 자는 이러한 뜻을 갖고 있다.

2. 사람이 그 존재를 아는 여러 사물들의 작용에는 반드시 원인이 있고, 그 원인이 되는 작용에도 그에 앞선 원인이 있다. 원인이 없으면 작용은 존재하지 않으므로 원인을 따라 거슬러 올라가면 맨처음 작용의 원인에 도달할 수 있다. 그것이 '신'이라고 이름 붙여진 존재다.

3. 우리는 사물의 존재에 대하여 그곳에 있으면서 언젠가는 없어질 수 있는 무엇으로 인식하고 있다. 그러나 존재 그 자체가 소멸하는 일은 없고, 존재하는 것은 필연적으로 '존재한다'. 존재의 필연성은 다른 존재의 필연성에 의해 성립한다. 존재의 필연성을 더욱 필연적이게 하는 존재를 거슬러 올라가다 보면 자신을 자신에 의해 필연으로 하는 존재에 닿는다. 이 존재가 신이다.

4. 사물의 성질은 각각 차이를 갖고 있다. 어떤 것은 다른 것에 비해 무겁고, 어떤 것은 다른 것에 비해 뜨거운 것처럼 각각 '더 많거나' 또는 '더 적거나' 하는 차이가 있다. 그 차이는 가장 뜨거운 것, 가장 무거운 것보다 어느 정도 차이가 있는가 하는 정도에 따라 가늠된다. '참으로' 뜨거운 것은 어느 쪽인가, '참으로' 무거운 것은

어느 쪽인가, 그 최고의 것을 기준으로 함으로써 무엇이 '참'에 가까운 것인지 알 수 있다. 그 최고에 해당하는 존재가 신이다.

5. 모든 사물은 질서를 가지고 움직인다. 자연은 항상 가장 좋은 결과를 얻고자 의도하여 움직인다. 이는 우연이 아니라, 화살에 궁수의 의도가 깃든 것처럼 확실한 목적을 갖고 있다. 그 목적은 질서이며 이 질서를 요구하는 질적 존재야말로 신이다.

이 방대한 『**신학대전**』은 사실 **미완성**으로 끝난다. 어느 날 토마스 아퀴나스는 미사 중간에 자신이 지금껏 써온 글이 전부 한낱 '지푸라기처럼' 여겨졌다고 말하고 저작을 중단해 버렸다.

1274년 토마스 아퀴나스는 제2차 리옹 공의회에 참석하러 가는 도중에 객사한다. 그는 도미니크 수도회에 소속되어 있었는데 사망한 장소는 시토회 수도원이었다.

시토회는 시신의 인도를 거부하고, 그의 시신을 솥에 넣고 삶아 뼈만 남겼다. 아마도 '성유물'을 만들기 위함이었으리라. 이름난 수도사의 시신을 넘보는 일은 당시에는 빈번한 일이었으며, 때로는 살아 있을 때 '성유물'로 만들기 위해 수도사를 죽이려고 하는 일도 있었다.

그의 유골은 90년이라는 세월이 흐른 뒤 교황의 명령으로 겨우 도미니코 수도회로 반환되었다.

⑩ 『신곡』

토스카나 방언을 이탈리아 표준어로 만들다

단테 알리기에리 (1265년~1321년)
중세 시대 피렌체의 관료이자 이탈리아어의 기본을 만든 시인.

단테는 '**기독교 세계의 최고 시인**'이라고 불린다.

그는 피렌체의 귀족 출신이었지만 그다지 유복하지는 않았다.

단테는 아홉 살 때 베아트리체를 만나 사랑에 **빠졌다**. 두 사람은 열여덟 살에 다시 만나지만, 베아트리체는 이미 다른 남성과 결혼한 뒤였다. 그녀는 스물다섯 살에 세상을 떠났다.

그녀가 죽고 나서부터 단테에게 그녀는 영원한 동경의 대상이 되었다. 서사시 『새로운 인생』에서 단테는 베아트리체를 한없이 아름답고 따뜻한 사람으로 그렸다. 그녀는 『신곡』에서 단테를 천국으로 이끄는 존재가 되었다.

1300년, 단테는 피렌체의 여섯 명의 행정장관Priore 중 한 사람으로 발탁되었다.

1495년 산드로 보티첼리가 그린 단테

『신곡』은 그해 부활절에 단테가 체험한 일을 쓴 서사시다.

크게 보면 「지옥편」, 「연옥편」, 「천국편」으로 나누어져 있으며, 이 세 가지 편들 속에는 각각 서른세 곡의 이야기가 들어가 있다. 다만 「지옥편」은 서곡이 더해져 서른네 곡이고, 각 편의 곡들을 모두 합치면 100곡이다. 이 구성은 '삼위일체三位一體'를 표현한다.

「지옥편」

　1~2곡 : 안내자 역할로 베르길리우스가 나타나 단테를 인도한다. 베르길리우스는 고대 로마 시인으로 서사시 『아이네이스』를 쓴 작가이다. 『아이네이스』의 저승 방랑이 『신곡』에도 영향을 미쳤다.

　3곡 : 지옥의 문. '여기 들어오는 자, 모든 희망을 버려라'라고 쓰여 있다.

　4~34곡 : 각각의 지옥의 모습이 묘사된다.

「연옥편」

　1~2곡 : 연옥의 바닷가.

　3~8곡 : 연옥에 이르기 전, 살아 있는 동안 회개하지 못한 자들이 기다리고 있는 모습을 묘사한다.

　9곡 : 연옥의 문.

　10~33곡 : 각각의 죄를 정화하는 모습을 각 단계에서 보게 되며 마침내 지상 낙원에 이른다. 30곡에서는 베아트리체가 등장하고 베르길리우스가 사라진다.

「천국편」

　1~33곡 : 각각의 천국을 베아트리체가 안내하여 둘러본다. 베아트리체는 31곡에서 사라지고 대신 성聖 베르나르와 함께 엠피레오 (지고천至高天)에 이르며 이야기는 끝이 난다.

단테는 이 작품을 우아한 '라틴어'가 아니라 자신이 태어난 고향인 피렌체가 속해 있는 토스카나 지방에서 구어로 쓰던 '이탈리아어'로 썼다.

당시 이탈리아에는 많은 방언이 있었는데, **『신곡』이 토스카나 방언으로 쓰였다는 이유로 이탈리아의 표준어가 토스카나 방언을 중심으로 형성되었다.**

단테는 『신곡』을 완성하고 얼마 지나지 않은 1321년 라벤나에서 객사했다. 그가 자신의 고향 피렌체가 아니라 객지에서 죽은 이유는 '황제파'와 '교황파'의 권력투쟁에 휘말려 1301년에 피렌체에서 추방당했기 때문이다. 그는 추방된 뒤로 다시는 고향인 피렌체 땅을 밟을 수 없었다.

단테는 작품 『신곡』 속에서 자신이 알고 있던 품행이 방정하지 못한 교황들을 지옥으로 떨어뜨린다. 자신의 학문적 스승까지 가차 없이 지옥으로 보낸다. 어쩌면 이 책의 이 내용이 뒷날 르네상스 이후 일어난 종교개혁의 씨앗이 되었는지도 모른다. 과연 단테는 죽은 후에 『신곡』에서처럼 천국에 갈 수 있었을까?

『역사서설』

토인비가 격찬한 아랍 역사학의 진수

이븐 할둔 (1332년~1406년)
중세 아랍을 대표하는 역사가이자 철학자. 기독교 나라였던 카
스티야 왕국의 왕 페드로 1세까지 그의 재능을 욕심냈다.

알함브라 궁전에 대해 아는 사람이 많을 터이다. 궁전 자체는 몰라
도 이를 소재로 만든 음악인 〈알함브라 궁전의 추억〉의 멜로디는
분명 어디선가 들어 본 적 있을 것이다.

이베리아반도를 무슬림 국가가 지배하던 시대에 나스르 왕조의
무하마드 5세는 알함브라 궁전의 중심부를 건축했다. 이후 이 건물
은 유럽에서 이슬람교 국가의 융성과 성숙을 상징하는 존재가 되
었다. 이 **무하마드 5세를 가르치고 제왕학을 전수한 사람이 바로
이븐 할둔이다.**

아부 자이드 압둘 라흐만 빈 무함마드 빈 할둔 알 하드라미(이븐
할둔의 본명)는 1332년 북아프리카 중부에 위치한 튀니스에서 태어
났다. 이븐 할둔은 '할둔의 아들' 또는 '할둔가의 자손'이란 뜻이다.

1347년 튀니스는 마린 왕조의 술탄이었던 아부 알 하산에게 점령당했다. 아부 알 하산은 하프스 왕조의 정세가 불안한 틈을 타서 튀니스로 쳐들어왔다. 이븐 할둔에게 이 침략은 결코 나쁘다고만 할 수 없었다. 아부 알 하산이 모로코에서 쟁쟁한 학자들을 데리고 왔기에 이븐 할둔은 그들에게 가르침을 받을 수 있었다. 그러나 정세는 계속 불안했고 폭동과 반란은 끊이지 않았다. 더욱이 흑사병(페스트)이 유행하여 이븐 할둔은 고아가 되고 만다.

얼마 지나지 않아 아부 알 하산의 아들 아부 이난 파리스가 자신의 아버지를 폐위시키기에 이르러 마린 왕조의 튀니스 점령은 끝이 난다. 하프스 왕조가 다시 나라를 통치하게 되자 집권자였던 이븐 타후라긴이 이븐 할둔을 비서관으로 임명한다.

하지만 여전히 정세가 불안했기에 이븐 할둔은 술탄을 버리고 이전의 지배자였던 아부 알 하산의 왕위를 빼앗은 아들 아부 이난 파리스의 곁으로 도망쳤다.

모로코의 도시 페스에서 술탄의 측근과 교류하게 되면서 그는 하프스 왕조의 왕족인 아부 압둘라 무함마드와 뒤에 재상이 되는 아말 분 압둘라의 눈에 들게 된다. 그곳에서 그는 왕족 아부 압둘라의 모략에 개입했다는 이유로 투옥되었지만 술탄이 죽으면서 특별 사면을 받는다. 그 후 술탄 자리를 둘러싼 혼란을 극복하고 이븐 할둔은 소원원(행정법원에 해당)의 재판관이 된다.

그런데 2년 만에 쿠데타가 일어나면서 전부터 가깝게 지내던 아말 분 압둘라가 나라의 전권을 쥐었다. 이븐 할둔은 전과 같은 지위를 약속받았지만 불만을 품고 지중해를 건너 그라나다로 자신의

튀니지의 화폐 10 디나르 속 이븐 할둔

거점을 바꾼다.

그라나다가 있는 이베리아반도의 안달루시아는 원래 이븐 할둔의 집안인 할둔가의 발상지이기도 했고, 그곳을 다스리는 나스르 왕조의 무함마드 5세와는 쿠테타를 피해 모로코의 페스로 망명해 있던 시절부터 친분이 있는 사이였다. 이븐 할둔은 무함마드 5세 아래서 얼마간 안정된 생활을 누렸으나 얼마 지나지 않아 재상인 이븐 알티브와 갈등이 생겨서 정계를 떠난다.

정계를 떠난 후 그는 『성찰의 책』이라는 대작을 완성한다. 이 책의 서설이 되는 부분이 바로 『역사서설』이다. 데카르트의 『방법서설』과 마찬가지로 이 서설 부분이야말로 이븐 할둔 철학의 진수가 담겨 있다.

『역사서설』에는 이븐 할둔의 파란만장한 경험이 가득 차 있다.

그는 왕조의 흥망을 다섯 단계로 나누어 설명한다.

1. 승리의 단계(왕권을 얻은 단계. 국가가 매우 공고하게 연대함.)

2. 국민에 대한 절대적 지배 단계(권력이 지배자의 가족에게 집중되며 독점됨.)

3. 휴식과 평온의 단계(재산의 집중, 신하에 대한 후한 대우, 사기 양양한 군대, 확고한 권위에 따라 다른 나라들이 두려워함.)

4. 만족과 평화의 단계(불만 없이 세습이 이루어지고 국가는 안정되며 평화를 만끽함.)

5. 낭비와 재산 탕진의 단계(축적한 재산을 쾌락을 위해 낭비하고, 충신을 멀리하며 오히려 아첨하며 빌붙는 무리를 중용함.)

이와 같이 '역사'를 객관적으로 '분석'하는 방법은 유럽에서는 19세기에 이르기까지 찾아보기 힘든 방식이었다. 계몽을 주장하던 시대에서조차 역사학은 왕권에 아첨하는 학문으로 업신여겨졌다.

저명한 문명 역사가인 토인비는 이븐 할둔을 '투키디데스의 저서나 마키아벨리의 저서에 필적하는 문학적 대작을 쓴 아랍의 천재'라고 평가했다.

이븐 할둔은 사회를 성립시키는 요인으로서 **'아사비야**Asabiyya' 라는 개념을 도입한다. 이는 보통 '연대의식'이라고 번역되는데, 혈연을 기본으로 한 사회적 결속을 의미한다. 다만 혈연이 절대적인 결속의 기준이 아니고 유사 혈연적인 연대가 우선된다. 이러한 아사비야 집단이 무수히 형성되면 이 중에서 유력한 집단이 '지도권(리아사)'을 쥐고 다른 집단을 지배하며 '왕권(물크)'을 얻기에 이른다.

이렇게 사회 형성의 보편적 원리를 바탕으로 이야기를 풀어낸다는 점에서 시대를 초월한 이븐 할둔의 '과학적' 정신을 엿볼 수 있다. 왜냐하면 이슬람교의 종교공동체(움마)는 당시 혈연에 상관없이 종교만을 그 형성 원리로 삼았기 때문이다.

따라서 이슬람교를 창시한 무함마드는 당시 사람들로부터 '혈연의 연을 끊는 무모한 남자, 극악무도한 사람'이라고 비방을 받았다. 이븐 할둔이 '아사비야'를 사회 형성의 근본 요인으로 삼은 것은 무함마드의 가르침과는 걸맞지 않은 사상이었다고도 말할 수 있다. 이슬람학의 권위자 이즈쓰 도시히코井筒俊彦 역시 **'아사비야'라는 개념은 '반이슬람적'이라고 단정한다.**

『역사서설』은 역사뿐 아니라 사회 전반에 대하여 기술한다. 그래서 이븐 할둔을 역사학에만 국한되지 않는 사회학의 시조로서 평가하는 목소리도 있다.

매스컴에서는 이슬람교라면 생활도 문화도 종교적인 '틀'에 갇혀 사람들이 밖으로 나오는 일이 전혀 없는 것처럼 다루는 경우가 많다. 그러나 이븐 할둔처럼 기존의 틀에서 벗어났음에도 인정받은 사람도 적지 않게 존재한다. 사실 그 시대의 이슬람교는 적어도 기독교보다는 훨씬 '자유'로웠다.

⑫ 『우신예찬』
한때 『성서』보다 더 많이 팔렸던 책

데시데리위스 에라스뮈스 (1466년~1536년)
르네상스 시대의 대표적인 인문주의자. 라틴어로는 완벽한 문장을 썼지만, 다른 언어는 모국어인 플라망어조차도 잘하지 못했다.

'세계 최고의 베스트셀러는 무엇인가?'라는 물음에 대부분의 사람은 『성서』라고 대답할 것이다. 그러나 발간 당시 『성서』보다 더 잘 팔린 책이 있다. 1511년에 출간된 에라스뮈스의 『우신예찬』이다. 이 책은 12개 국어로 인쇄되어 40판을 거듭했다.

『우신예찬』에서 에라스뮈스는 신을 합리적으로 설명하는 행위를 야유하고, 교회가 신을 대신하여 죄의 벌과 용서를 도맡는 일을 비판했다. 또한 세상에 널리 퍼지고 있는 신학자들의 설교에서 모순을 찾아내고, 그것을 풍자를 섞어 조롱했다.

'사실상 아무 효력도 없는 사면에 의해 자신이 저지른 죄를 용서받았다는 생각에 흡족해하고, (······) 부, 명예, 쾌락, 포식, 언제까지고 이어질 건강, 장수, 활기찬 노년, 천국에서 그리스도의 옆자리를 차지하는 일 등 이 모두를 얻을 수 있다고 생각하는 사람들에 대해 참 뭐라고 할 말이 없다.'

'각 지역마다 제각기 자기들에게는 특별한 수호성인이 있다고 주장하며, 저마다 고유한 은혜를 받고, 각기 다른 방법으로 예배가 이루어지고 있는 것도 어쩌면 이 같은 종류가 아니겠습니까? (……) 세상 사람들이 이런 수호성인들에게 염원하며 기도하는 행위가 어리석은 일이 아니라면 도대체 뭘까요?' 데시데리위스 에라스뮈스 『우신예찬』

『우신예찬』이라는 제목에서 '우신'이라 번역된 '모리아Moria'는 그리스 신화에 나오는 강물의 요정으로서 본래는 여신이다. 즉 기독교와는 관계가 없는 신인데, 에라스뮈스는 어리석음의 여신인 모리아를 화자로 등장시켜 어리석음을 드러내는 과정에서 우리가 지금 르네상스라 부르는 그 시대의 수많은 모순들에 대해 논한다. 에라스뮈스에 따르면 『우신예찬』의 '모리아'는 『유토피아』의 저자인 토머스 모어의 '모어'에서 유래했으며, 이 단어의 라틴어형에서 힌트를 얻었다고 한다.

에라스뮈스와 토머스 모어는 가족끼리도 친하게 지낼 정도로 가까운 사이였다. 『우신예찬』은 에라스뮈스가 세 번째로 영국을 방문했다가 잠시 파리로 돌아간 사이에 쓰기 시작했으며, 그 후 2년 정도 여러 곳을 돌아다니면서 완성했다. 에라스뮈스가 토머스 모어에게 보낸 서간의 내용을 보면 그 글을 쓰던 당시 상황을 알 수 있다.

친구들을 추억하는 가운데 누구보다 먼저, 모어 씨, 당신이 떠올랐습니다. 당신과 내가 한자리에 마주 앉아 서로 이야기를 나누던 때, 맹세하건대 그때가 내 생애 가장 달콤한 순간이었는바, 서로 멀리 떨어져 있는 우리는 그때와 마찬가지로 이렇게 추억 속에서 함께 시간을 보내게 되었습니다. 「에라스뮈스-토머스 모어 왕복 서간」

이 편지의 내용이 그대로『우신예찬』의 서문으로 사용되었다.

그뿐 아니라, 에라스뮈스가 출간 전의『유토피아』원고를 토머스 모어에게 받아서 출판을 위한 사전 교섭을 한 일도 그 후의 편지를 통해 알 수 있다.

에라스뮈스는 불필요할 정도로 번잡해진 기독교 신학을 심하게 야유했지만 기독교 그 자체를 비판하지는 않았다.

그는 몇 년간의 교정 작업 끝에 사상 처음으로 그리스어 신약성서 필사본을 활자본으로 만들어『교정신약성서』라는 이름으로 간행했다.(당시에는 중세의 라틴어로 번역된 성서만 읽었는데 그리스어 신약성서 필사본을 보게 된 에라스뮈스는 '원천으로' 돌아가 구약성서는 히브리어와 아람어로, 신약성서는 그리스어로 읽어야 한다고 생각하고 그리스어 신약성서의 활자본 편찬 작업을 진행한다-옮긴이) 이 성서는 부족한 부분은 많이 있었지만, 스콜라 철학을 거치지 않고 성서를 있는 그대로 받아들였다는 의미에서 인문학자 에라스뮈스의 위신을 세우는 업적이 되었다.

당시의 종교개혁에 대해 에라스뮈스는 교황과 루터의 개혁파 사이에서 그 둘을 중재하는 입장을 취했다. 그러나 이는 오히려 루터의 불평을 샀고, 이후 개혁파가 교의 논쟁에서 사회개혁으로 종교개혁운동의 질을 바꾸면서 에라스뮈스는 종교개혁과 점점 거리를 두게 되었다.

데시데리위스 에라스뮈스

에라스뮈스의 본질은 이른바 '저널리즘'에 있었고 『우신예찬』에서 엿볼 수 있는 시대를 간파하는 날카로운 시각은 현대와도 맞닿아 있다. '저널리즘'이란 말하자면 사회에 '딴지'를 거는 일이다. 에라스뮈스의 '딴지'는 국경과 시대를 넘어 사회가 어리석은 짓을 할 때마다 발휘되었다.

그는 네덜란드 출신으로서 이탈리아에서 공부했고, 영국, 프랑스, 스위스에 큰 발자취를 남겼으며, 아름다운 라틴어로 쓴 저서로 유럽 곳곳에 그 이름을 알렸다. 이를 두고 에라스뮈스를 코즈모폴리턴의 선구자라고 보는 시각도 있다. 국경을 초월한 그의 학문 정신을 기려 유럽연합EU의 유학 장려 제도는 '에라스뮈스 문두스 Erasmus Mundus'라는 이름으로 실시되고 있다.

⑬ 『군주론』
리더는 무엇을 두려워해야 하는가

니콜로 마키아벨리 (1469년~1527년)
르네상스 시대의 이탈리아 지식인. 정치, 역사에 관한 많은 책을 남겼다. 메디치 가문의 비호를 받았으며, 공화파로부터 비난받았다.

『군주론』은 마키아벨리가 쓴 정치학의 고전이다.

이 책이 나오기 전까지 정치학이나 국가론은 군주 혹은 왕이 얼마나 많은 '덕'을 쌓는가에 초점을 맞춰왔다. 플라톤의 『국가』에서부터 볼테르의 계몽사상에 이르기까지 철학자 황제나 '선한 왕le bon roi'을 기대하는 일 그 자체가 정치였다.

마키아벨리의 새로운 점은 **정치에서 '덕'이라는 개념을 모두 배제했다**는 데 있다. 그는 정치란 현실적인 권력의 역학적인 조작에 의해서만 움직인다고 지적했다. 그의 이러한 생각은 오늘날에도 많은 사람들을 매료시킨다.

『군주론』은 그렇게 긴 책도 아니고 그다지 어려운 책도 아니다.

먼저 1~2장에서는 군주국가의 종류에 관해 서술한다. 3장에서는 새로이 만들어진 군주국가가 왜 통치에 주의를 기울여야만 하는가를 설명한다. 그에 따르면 새로운 군주국가에서 민중은 기꺼이 위정자를 교체하고 싶어 하기 때문에 통치에 주의를 기울여야만 한다. 마키아벨리는 침략에 성공한 정복자는 해당 정복지에 주거해야 한다고 주장하면서 터키의 군주(메메드 2세)가 그리스(여기서는 동로마제국의 콘스탄티노플)를 정복한 뒤 그곳으로 거처를 옮겨 살았다는 사실을 예로 든다. 만약 정복자가 정복지에 직접 살기 어렵다면 로마가 쓴 방법처럼 이민병을 상주시키는 것이 좋다고 덧붙인다.

4장에서는 **강력한 군주에 의한 독재가 봉건제도보다 낫다**고 주장한다. 5장은 자치적인 도시국가를 침략하는 경우에는 그 도시를 멸망시킨 후에 군주가 이주하여 주민들에게 이전과 다름없는 법률상의 생활을 보증해야 한다고 말한다.

6~8장에서는 새로운 군주의 유형을 해설하면서 체사레 보르자를 언급한다. 마키아벨리는 체사레 보르자(르네상스 시대의 이탈리아 전제군주이자 교황군 총사령관. 아버지이자 교황인 알렉산데르 6세의 지원을 받아 중부 이탈리아의 로마냐 지방을 정복하고 다스렸다-옮긴이)를 이상적인 영웅으로 생각했다.

9장에서는 귀족의 지지를 받아 군주가 된 자와 민중의 지지를 받아 군주가 된 자의 차이를 분석한다. 귀족의 힘으로 군주가 된 자는 민중의 지지를 받은 군주에 비해 큰 어려움을 겪을 확률이 높다. 귀족의 지지를 받은 군주는 귀족이 원하는 바를 들어줘야 하기 때문이다. 그에 반해 민중의 지지를 받은 군주는 민중이 바라는 바를 들어주지 않아도 대부분 자기 뜻대로 권력을 휘두를 수 있다.

(좌) 니콜로 마키아벨리, (우) 체사레 보르자

어떻게 힘을 얻어 군주가 되었든지 간에 군주는 언제나 민중을 자기편으로 만들어야 한다. 마키아벨리는 '민중을 주춧돌로 삼은 사람은 진창 위에 주춧돌을 쌓는 것이나 다름없다'라는 속담에 반박하면서 다음과 같이 주장한다.

군주가 민중을 주춧돌로 삼고, (……) 굳은 의지와 적절한 조치로 많은 사람들의 마음을 계속해서 끌어당기면 결코 민중에 속는 일이 없다. 니콜로 마키아벨리『군주론』

10장에서는 성곽도시를 가지고 있고, 민중에게 사랑받는 군주는 공격받을 일이 없다고 주장한다. 11장은 로마 교황의 권력을 말한다. 12~14장은 무력에 관해 이야기한다. 용병이 어떻게 국가를 망치는지를 설명하고 자기 나라 군대가 가장 중요하다고 말한다. 군주라면 군사軍事를 잘 공부해 두어야 한다고 덧붙인다.

15~23장에서는 **군주란 어떤 존재여야 하는가**를 서술한다. 군주는 왕권을 빼앗길지도 모를 정도로 심한 악평은 피해야 한다. 그러나 그 정도의 악평이 아니라면 평판 같은 건 아무래도 좋다. 무리해서 너그러운 척하다가 실패하느니 인색하게 구는 편이 낫다.

체사레 보르자는 냉혹하고 잔인하다는 말을 많이 들었지만, 그런 평판을 들었기에 그가 지배한 로마냐의 질서를 회복했다. 군주에게 신의 같은 건 어차피 지킬 수 있는 것도 아니고, 꼭 지켜야만 하는 덕목도 아니다. 다만 군주는 백성에게 원한을 사거나 미움을 받거나 경멸당하는 일만큼은 어떻게 해서라도 피해야 한다.

22~23장에는 어떤 인물을 측근으로 둬야 하는지, 또 아부나 아첨을 하는 무리를 솎아 내는 일이 얼마나 중요한지 지적한다.

24~26장은 이탈리아의 과거와 미래에 대해 서술한다. 마키아벨리는 애국자다운 면모를 끊임없이 보여 주고, 프란체스코 페트라르카의 시구가 현실로 실현될 수 있기를 바란다며 책을 마무리한다.

용맹은 포악한 공격에 대항해
무기를 들 것이다.
전쟁은 짧은 것이니.
이탈리아인의 가슴에 옛날의 용기는
아직 살아 있거늘. 페트라르카

오늘날『군주론』에 대해 쓴 책은 무수히 많지만, 대부분『군주론』의 내용 중에서 자극적인 부분을 적당히 이어 붙여서 해설한 대중서들이다. 목적을 위하여 수단을 가리지 않는다는 뜻의 '마키아벨리즘'이라는 단어는 아마 그런 종류의 해설서에 영향을 받아 생겨난 말일 것이다. 그러나『군주론』의 원문을 제대로 진지하게 읽는다면 오히려 이 책에 담겨 있는 '민의'에 대한 두려움을 읽어 낼 수 있다.

⑭ 『유토피아』

'가상의 나라'로 '현실의 나라'를 비판하다

토머스 모어 (1478년~1535년)
영국의 법률가, 정치가, 사상가, 인문주의자. 헨리 8세에게 저항
하여 참수당한다.

"유토피아 같은 건 어디에도 없어." 자칭 현실주의자들이 자주 쓰는 말이다.

토머스 모어는 그전까지 '천국'이나 '신의 나라'에만 존재한다고 여기던 이상 사회를 지상으로 끌고 내려와 유토피아라는 단어에서 '어디에도 없는'이라는 수식어를 떼어 버렸다. 『유토피아』는 당시 강력한 왕권을 옹호했던 '왕권신수설'이나 '천손강림' 같은 현실 타협적인 개념과도 분리되면서 자칭 현실주의자들이 자주 입에 올리는 '현실'조차 비웃었다.

토머스 모어는 1478년에 법정 변호사의 아들로 태어났다. 국회의원을 거쳐 1515년 플랑드르(현 벨기에)에 외교사절로 파견되었다. 파견 이듬해인 1516년 부임지인 플랑드르에서 『유토피아』를 썼다.

1516년 「유토피아」 초판본 일러스트

『유토피아』는 총 2부로 구성되어 있는데, 모어는 2부를 먼저 썼다. 그다음 해인 1517년에 1부를 완성하고 플랑드르의 루뱅에서 라틴어로 출판했다.

『유토피아』의 원래 제목을 번역하면『가장 좋은 국가 통치 형태와 새로운 섬 유토피아에 관한 진실이 담긴 황금 같은 책Libellus vere aureus, nec minus salutaris quam festivus, de optimo rei publicae statu deque nova insula Utopia』이다.

토머스 모어는 '저명한 웅변가이며 저명한 런던 시민이자 행정

장관 토머스 모어의 저서'라고 책을 소개한다(사실 당시에는 행정장관 후보였지만). '유토피아'라는 말은 그리스어 '우 토포스ou topos'에서 유래되었으며 **어디에도 없는 곳**'이란 뜻이다.

『유토피아』는 저자인 토머스 모어가 안트워프에서 가공의 인물 라파엘 히슬로다에우스와 만나는 장면부터 시작된다. 여기에 실존 인물이자 에라스뮈스의 제자인 피터 힐러스를 더한 세 사람의 대화를 통해 당시의 유럽 정세, 특히 모어의 모국인 영국 사회를 통렬히 풍자한다. 그중에서도 특히 영국의 '인클로저Enclosure 운동(15세기 방직산업이 급성장한 영국에서 영주들이 마을 공동체와 함께 사용하던 공유지에서 소작농을 쫓아내고 초지에 울타리를 치고 양을 키우기 시작한 운동-옮긴이)'을 풍자한 '양이 사람을 잡아먹는다'라는 표현이 유명하다. 모어는 여기에 더해 전쟁을 좋아하는 군주, 사유재산 때문에 생기는 사회악, 군대의 전횡 등을 그렸다.

2부에서는 히슬로다에우스가 설명하는 '유토피아' 견문록이 펼쳐진다(참고로 '히슬로다에우스'는 '허풍'이라는 뜻의 그리스어 'hythlos'와 박학다식한 사람을 의미하는 'daeus'를 합친 합성어인데 '허풍쟁이 박사' 정도로 번역할 수 있는 이름이다). 여기에서는 1부에서 묘사한 현실과는 전혀 다른 이상 국가의 모습이 묘사된다. 총명한 철학자가 지배하고, 화폐는 폐지되고, 재산은 공유되고, 군대는 직업 군인이 아닌 민병으로 이루어진 나라. 남녀가 평등한 교육 기회를 가지고, 국가 재산이 평등하게 분배되는 나라다. 그러나 모어는 이 '유토피아'를 결코 전면적으로 찬성하지는 않는다.

'유토피아'라는 나라의 시스템 중 두드러진 특징은 다음과 같다.

- 서른 세대마다 한 명의 대표를 뽑고, 그렇게 뽑힌 200명의 대표들은 민중이 추천한 네 명의 후보 중에서 한 명의 총독을 뽑는다. 총독의 지위는 그가 전제 군주가 되려 한다는 혐의가 없다면 종신 보장한다.
- 노동 시간은 오전, 오후 세 시간씩 하루 여섯 시간이다.
- 물자는 무엇이든 필요한 만큼 분배되고, 돈은 내지 않는다.
- 식사는 강당에 모여서 공동으로 한다. 여성과 아이는 식사 봉사를 한다.
- 금과 은에 금속 이상의 가치를 매기지 않는다. 보석은 어린이를 위한 장식으로만 쓴다.
- 점성술을 부정한다.
- 주사위 놀이나 사냥에 따른 쾌락을 부정한다.
- 의학은 존중하지만, 주민들이 다 건강하므로 필요하지 않다.
- 안락사와 자살이 인정된다.
- 노예는 존재하지만, 전과자나 다른 나라에서 사형 판결을 받은 자들을 양도받아서 일을 시킨다.
- 간통도 이혼도 거의 없다. 혼인을 깬 자는 노예가 된다.
- 광대를 좋아한다.
- 변호사는 추방되어 존재하지 않는다.

⑮ 『그리스도인의 자유』

도대체 누가 신을 죽였나?

마르틴 루터 (1483년~1546년)
그리스도교의 신앙에 헌신하여 가톨릭에 반하는 '프로테스탄트' 일파를 만들었다. 더 많은 사람이 읽을 수 있도록 성서를 독일어로 번역했다.

"신은 죽었다."

이 말은 니체가 한 말로 유명하지만 니체가 이 말을 하기 수백 년도 전에 마르틴 루터는 설교할 때마다 이 말을 했다고 한다.

니체는 목사의 아들이었기에 이 말을 어딘가에서 들어서 알고 있었을지도 모른다. 르네상스 시대에는 이렇게 과격한 어투를 자주 사용한 듯하다. 에라스뮈스도 『우신예찬』에서 교황이 그리스도를 '죽이고 있다'는 표현을 썼다.

실제로 당시 로마 가톨릭 교회에서는 부패가 넘쳐나고 있었다.

1517년 3월 15일, 메디치 가문의 혈통인 교황 레오 10세는 대대적으로 면죄부를 팔기 시작했다. 그리고는 모든 그리스도교 신도에게 교회에 헌금을 내서 영혼의 죄를 씻으라고 명했다.

교황이 면죄부를 팔게 된 배경에는 교황청을 지지하는 각 왕가의 재정적 궁핍이 있었다. 브란덴부르크 공 등은 마인츠 대주교 자리를 상속받을 때 푸거 가문에게서 2만 플로린을 빌려서 레오 10세 교황에게 건넸다. 그 대신에 교황은 브란덴부르크 공이 그의 교구에서 면죄부를 '판매'하고, 그 돈으로 푸거 가문에 진 빚을 갚는 데 사용할 것을 허가했다.

신이 아닌 그저 평범한 인간의 한 사람으로서 교황은 자기가 내린 이 조치가 나중에 있을 큰 변혁의 방아쇠가 되리라고 예측할 수 없었으리라.

10년 정도 전까지만 해도 보르자 가문이 교황청을 좌지우지하며 성직을 팔았고, 그 전에는 인노첸시오 8세가 돈만 내면 살인죄도 용서받을 수 있는 '은행' 비슷한 걸 만들었다. 레오 10세 교황은 그런 시절과 비교하면 자기는 오히려 꽤 나아진 편이라고 자부하면서 면죄부를 팔았을 정도다. 그러니 '고작 그런 일' 정도로 교황의 권위가 흔들리리라고는 눈곱만큼도 걱정하지 않았다.

비텐베르크 사람들은 당연하다는 듯 대대적으로 판매되기 시작한 면죄부의 효력을 물어보기 위해서 그 지역 대학에서 신학을 가르치는 교수를 찾아갔다. 교수는 그 자리에서 답을 하지 않았지만, 그로부터 얼마 지나지 않은 1517년 10월 31일(11월 1일이라는 설도 있다) 비텐베르크 교회 문 앞에 면죄부에 대한 자신의 견해를 대자보로 만들어 붙였다(자기주장을 대자보로 만드는 일은 중세 시대부터 이어진 대학의 전통이기도 했다).

「95개조 반박문」을 교회 문 앞에 붙인 마르틴 루터

그 대자보를 만든 교수가 바로 마르틴 루터였다. 그가 적은 대자보 「면죄부의 의의와 효력에 대하여」는 나중에 「95개조 반박문」이라 불리게 된다.

루터는 처음에는 이 문제가 전적으로 신학 내부의 문제라고 생각했다. 그는 올바른 신앙을 위한 일이라는 생각으로 「95개조 반박문」 사본을 만들어 곳곳에 보냈고, 라틴어가 서투른 사람을 위해 독일어 번역본도 만들었다.

그런데 루터가 이런 문제 제기는 **생각지도 못했던 뜨거운 반응**을 불러일으켰다. 루터는 어디까지나 교황을 찬양하면서 이 문제를 논했음에도 불구하고, 교황청은 루터가 이단과 사설邪說을 퍼뜨리고 있다며 그를 철저히 부정했다. 그때부터 루터는 로마 교황청과 철저히 대립했고, 자신에 대한 매도에 지지 않고 응수한 끝에 가톨릭교회로부터 파문당했다.

그러나 이 일로 인해 루터는 많은 지식인들을 아군으로 얻었으며 자신의 생각이 틀리지 않음을 확인했다. 루터는 교황의 지배 아래 있는 한 구원은 없다고 단언하며 자신에게 내려진 파문장을 의기양양하게 불 속에 던져 버리고, 교황에게 **교황청이야말로 이단**이라고 편지를 썼다. 저항을 뜻하는 '프로테스탄트Protestant'는 교회를 바로잡고자 하는 활동을 방해하는 행위에 '항의'한다는 의미로 탄생했다.

루터의 종교개혁 운동은 열광적인 환영을 받았지만, 그 환영의 열기가 너무 뜨거워서 기존의 교회를 지지하는 구교도와 루터를 지지하는 신교도 사이에 분열이 일어났다. 이런 상황을 마주한 루터는 자신이 가진 사상의 핵심을 담은 간략한 팸플릿을 출판했다. 이 팸플릿이 바로『그리스도인의 자유』다.

『그리스도인의 자유』에서 루터가 전하는 가르침의 핵심은 크게 세 가지다.

1. 그리스도인은 모든 것의 우위에 서는 자유로운 군주로서 그 누구에게도 종속되지 않는다. 그리스도인은 모든 이에게 봉사하는 하인으로서 모든 이에게 종속된다.
2. 신앙은 영혼으로 하여금 마치 신부를 신랑에게 짝지어 주듯이 그리스도와 하나가 되게 한다.
3. 그리스도인은 자기 자신을 위해서가 아니라 그리스도와 이웃을

위해 사나니, 신앙을 통해 그리스도에게 도달하고 사랑을 통해 이웃에게 도달하는 삶을 살아간다.

루터는 그전까지 교회가 독점하고 있었던 그리스도의 가르침을 민중에게 전해 주었다. 『성서』도 독일어로 번역해서 라틴어 교육을 받지 못한 사람도 읽을 수 있도록 했다. 이처럼 교회를 거치지 않고 사람이 하느님과 직접 연결되는 루터의 사상은 이후에 **자유주의를 낳는 요람**이 되었다.

독일의 철학자 카를 뢰비트는 "니체는 루터처럼 독일에서 세상을 바꾸는 특별한 일을 한 사람으로서 급진적이고 불길하다"라고 말했다. 루터와 니체의 사상은 모두 '자유'를 직접 칭송하지는 않았지만, 그 시대의 가치관을 뿌리부터 흔들었고 사람들이 '자유'를 갈망하게 하는 하나의 출발점이 되었다.

⑯ 『수상록』
'신의 나라'에서 '인간'을 말하다

미셸 드 몽테뉴 (1533년~1592년)
프랑스를 대표하는 사상가이자 모럴리스트. 오랫동안 보르도
시장을 역임하기도 했다.

어떤 사람이 '인간이란 무엇인가?'라는 질문에 사로잡힐 때, 그 질문은 그 사람 스스로의 존재부터 뒤흔드는 불쾌한 경험을 동반하는 경우가 많다.

1572년 8월 24일 프랑스에서 '성 바르톨로메오 축일의 학살'이 일어났다. 만 명이 넘는 신교도(프로테스탄트)가 가톨릭교도들에게 살해당했는데, 교황 그레고리오 13세는 이 학살 행위에 대해 '축사'를 보냈다. 정확한 날짜는 모르지만 몽테뉴가 『수상록』을 쓰기 시작한 때가 이때 즈음이라고 한다.

르네상스라는 '문예 부흥'은 '인간'이라는 개념 또한 부흥시켰다. 가톨릭 신자이면서도 많은 신교도들과 친교를 가졌고, 신교도인

성 바르톨로메오 축일의 학살

왕을 신하로서 받들기도 했던 몽테뉴는 그리스도를 믿는 신도들끼리 끊임없이 서로를 죽이는 싸움에 진절머리가 나 있었다.

당시 프랑스에는 브라질에서 '식인종Cannibal'이 건너와 있었다. 몽테뉴는 투앙에서 그들을 보았다. 그리고 그들이 유럽인들과 같은 인간이며, 살아온 관습에 차이가 있을 뿐이라고 주장했다. 그는 '식인종'은 유럽 사람보다 뒤떨어진 구석이 전혀 없으며, 이 사실을 고대로 거슬러 올라가 플라톤이나 리쿠르고스에게 가르쳐 주고 싶을 정도라고까지 썼다. 이러한 관점은 현대의 '인류학'과도 연결되어 있다.

인간과 인간 간의 차이는 인간과 동물 간의 차이보다 더 크다. 미셸 드 몽테뉴

몽테뉴는 르네상스 시대의 문인답게『수상록』에 그리스 로마 문헌을 많이 인용했다. 특히 플루타르코스를 500구절 가까이 인용했다. '인간' 그 자체를 그려 낸 플루타르코스의 문장들이 몽테뉴가 목표로 한 문장과 많이 겹쳐 있었으리라. 플루타르코스가『영웅전』에서 과거의 영웅들을 '대비'해서 쓴 것처럼 몽테뉴는『수상록』에서 플루타르코스와 세네카를 '대비'해서 썼다.

세네카는 경구警句와 촌철살인의 말에 능했고, 플루타르코스는 사물의 이치를 간파하는 데 능했다. 세네카가 사람을 자극하여 분발하게 한다면, 플루타르코스는 거기서 더 나아가 사람을 만족시키고 기분 좋은 충족감을 갖게 한다. 세네카가 사람을 등 떠민다면, 플루타르코스는 사람을 이끈다. 미셸 드 몽테뉴『수상록』

그리고 그는 플라톤과 아리스토텔레스, 디오게네스의 말도 인용했다.

그렇지만 그가『성서』를 인용한 글은 거의 찾아볼 수 없다.『성서』와 비슷한 표현은 있지만, 그것은『성서』를 어원으로 한 프랑스의 속담이다. 이러한 이유로『수상록』은 몽테뉴가 죽고 나서 '무신론을 퍼뜨리는 책'이라 하여 발매 금지 처분이 내려졌다.

몽테뉴는 보르도 고등법원의 법관이 된 후인 1581년 9월에 보르도 시장이 되었다.『수상록』의 초판은 시장 취임 전에 출판되었는데, 원래는 두 권짜리 책이었다. 시장직을 그만둔 후에 그는『수상록』의 내용을 보충했다. 그리고 1588년에 그것을 세 권짜리 증보판으로 출판했다. 그 후로도 그는 죽기 직전까지 『수상록』을 보강했는데, 이것을 사후에 정리한 원고가 현재 『수상록』의 모습이다.

세상의 많은 작가들은 무언가 특별하거나 색다른 특징으로 자기 존재를 사람들에게 알리려 한다. 그러나 나는 문법가도 시인도 법률가도 아닌 그저 인간 미셸 드 몽테뉴로서 나라는 보편적인 존재로 나 자신의 생각을 전하는 첫 번째 사람이 될 것이다. 미셸 드 몽테뉴 『수상록』

몽테뉴는 다른 무엇도 아닌 '인간'이 되고 싶어 했다. 그것이 '인간이란 무엇인가?'를 끊임없이 되물어서 얻은 최종적인 답이었다.

서양편 ─────────────────────

17세기~18세기

⑰ 『방법서설』
근대 합리주의의 탄생

르네 데카르트 (1596년~1650년)
프랑스의 사상가이자 철학가이지만 네덜란드에서 은둔 생활을
했으며 스웨덴에서 생을 마감했다. 수학자로서 최초로 좌표를
만든 업적으로도 유명하다.

"데카르트는 만약 할 수만 있다면 신은 없다고 결론짓고 싶었을 것
이다."

파스칼은 데카르트를 이같이 비판했다.

데카르트의 『방법서설』은 새로운 시대에 이성이 존재해야 할 이
유를 보여 주고, 철학과 과학의 출발점을 새롭게 제시했다. 그는
이 책에서 세계를 '신'에 의지하지 않고 풀어냈다. **근대의 합리주의
는 『방법서설』에서 비롯되었다고 말해도 지나친 말이 아니다.**

1637년 네덜란드의 레이던에 있는 장 메르Jan Maire 서점에서 저자
이름이 없는 책이 출판되었다. 이 책의 제목은 『이성을 올바르게
이끌어, 여러 가지 학문에서 진리를 찾기 위한 방법서설, 그리고

르네 데카르트

이 방법에 관한 에세이들인 굴절광학, 기상학, 기하학』이라는 긴
제목이었다. 이 책은 500쪽이 넘는 대작인데 그중에 책 앞부분에
자리한 78쪽 분량의 서문이 『방법서설』이라는 이름으로 널리 알려
지게 된다.

이 '서설'은 총 6부로 나누어져 있다.

　1부에서는 이전까지의 **인문학과 스콜라학은 불확실한 학문**이며 인생에 도움이 되는 부분이 전혀 없다는 점을 밝힌다.

2부에서는 학문이나 사상을 개혁하기 위한 '방법'으로 네 가지 주요 규칙을 설명한다. 바로 **검증, 분석, 종합, 매거**枚擧이다. '검증'은 분명하게 참이라고 판단한 사실 외에 조금이라도 의심의 여지가 있는 것에 대해서는 섣불리 판단을 내리지 않는 방법이다. '분석'은 주어진 문제를 잘 해결하기 위해 대상을 가능한 한 작은 부분으로 나누는 방법이다. '종합'은 단순한 것에서 출발하여 조금씩 복잡한 것으로 순서를 차근차근 밟아 다다르는 방법이며 자연적으로 순서가 잇따르지 않는 대상들도 순서를 가정하여 생각하는 것이다. '매거'는 전체를 바라보고 빠진 것이 없는지 열거하고 검사하여 확인하는 방법이다.

3부는 도덕에 관하여 서술한다. 국가의 법률과 관습에 따라 그리스도교를 지킬 것. 한 번 정한 일은 끝까지 제대로 지킬 것. 운명을 거스르지 말고 세상의 흐름에 따르고 스스로의 욕망을 절제할 것. 데카르트는 이 책에서 특별히 새로운 도덕률을 제시하지 않았다.

4부에서는 데카르트의 가장 유명한 말인 '나는 생각한다. 고로 나는 존재한다Cogito, ergo sum'가 등장한다. 여기서 형이상학의 기초를 성찰하고 방법적 회의를 거쳐 심신이원론心身二元論으로 발전하며, 더 나아가 신의 존재 증명에 이른다.

그러나 그가 친구에게 보낸 편지를 보면 데카르트는 이 신의 존재 부분이 '가장 중요한 부분'이면서도 '가장 다듬어지지 않은 부분'이라고 말하고 있다. 출판사가 출간을 독촉해서 할 수 없이 이 부분을 넣고 말았다고 한다.

제5부에서는 출간을 포기해 세상의 빛을 볼 수 없었던 그의 저작『세계론』의 핵심에 대해 썼다. 우주와 자연현상, 기계적인 인체론이 펼쳐진다.

제6부에서는 갈릴레이의 '지동설'이 위법 판결을 받게 된 데 따른 충격을 이야기하며, 아리스토텔레스를 신봉하는 사람들에게 날카로운 비판을 퍼붓는다. 그리고『세계론』을 간행하지 않은 경위도 서술한다.

『방법서설』은 프랑스어로 쓰였다. 당시 이런 논문은 대개 라틴어로 썼지만 데카르트는 라틴어를 모르는 일반인들도 자신의 책을 읽을 수 있기를 바랐다.

이 책이 나온 이후에 정통적인 프랑스 문학의 문장이 명석하고도 합리적인 문장으로 바뀌었는데, 그 계기는 데카르트가 알기 쉬운 프랑스어로 합리주의를 주장했기 때문이라고 전해진다.

이렇듯『방법서설』은 독자들이 이해하기에 전혀 어려운 구석이 없는 아주 쉬운 책이었다. 하지만 난해한 저서일수록 가치가 있다고 여겨졌던 그 시대에 데카르트처럼 '난해한 것'이 무의미하다는 사실을 알기 쉽게 설명하기란 매우 '어려웠을 것'이다.

『리바이어던』
'국가'라는 이름의 괴물

토마스 홉스 (1588년 ~ 1679년)
16세기 영국의 정치사상가. 50대 늦은 나이에 집필 활동을 시작했다.

'리바이어던'은 『구약성서』 욥기에 나오는 거대하고 무시무시한 바다 괴물이다. 욥기에서는 리바이어던을 다음과 같이 묘사한다.

세상에는 그것과 비할 것이 없으니 그것은 두려움이 없는 것으로 지음받았구나. 그것은 모든 높은 자를 내려다보며 모든 교만한 자들에게 군림하는 왕이니라. 『구약성서』 욥기 41장

홉스는 절대 주권을 지닌 '국가Commonwealth'를 이 신화적 괴물에 비유했다. 이렇게 완성된 『리바이어던: 교회국가 및 시민국가의 재료, 형태, 권력』은 1651년에 런던에서 출판되었다. 당시 영국은 청교도혁명이 한창 진행 중이었으며, 찰스 1세 국왕이 처형되고 왕

1668년 아브라함 보스가 그린 라틴어판 『리바이어던』의 표지
칼을 쥐고 있는 왕을 자세히 보면 수많은 사람들로 이루어져 있는 걸 알 수 있다.

요약의 신이 떠먹어 주는 인류 명저 70권

실은 파리로 망명한 상태였다.

홉스도 파리에 있었는데 황태자(뒷날의 찰스 2세)의 가정교사를 맡아 '곰 아저씨'라는 별명으로 불리며 총애를 받았다. 그러나 홉스가 『리바이어던』을 황태자에게 헌정하자 망명한 궁정 내에서 심한 비판이 일어났고, 홉스는 궁정 출입을 금지당한다. 그해 겨울 홉스는 눈이 내리는 날 비밀리에 말을 타고 파리에서 탈출하여 영국으로 귀국한다. 당시 그의 나이 63세였다.

『리바이어던』은 무신론적이며 유물론적이라는 이유로 비판받았다. 그러나 사실 홉스는 독실한 크리스천이었고, 왕당파였으며 의회를 좋아하지 않았다. 민주주의에 회의적이었고 청교도혁명을 철저히 부정하는 인물이었다. 이런 그의 특성은 『리바이어던』 이후에 펴낸 또 하나의 저서인 『비히모스(이 제목도 성서에서 따왔으며, 비히모스는 리바이어던과 대립하는 육지 괴물이다)』에 더욱 명확하게 나타난다.

그가 비판받은 이유는 『리바이어던』 속의 정치 분석이 지나치게 시대를 앞서갔기 때문이었지만, 사실 사람들이 그를 비판한 데는 더 본질적인 이유가 있었을지 모른다. 그들 마음속에 자리하고 있는 '본능적인 혐오감' 말이다. 홉스의 저서를 손에 넣을 수 있었던 사람들은 당시 사회의 상류층 사람들이었다. 이 사람들에게 자신이 속한 국가는 '반짝반짝 빛나는 아름다운 나라'였다. 그런데 그것을 괴물에 비유하니까 화가 난 것이다. 누군가 갑자기 들이민 거울에 비친 자기의 모습이 추악한 괴물이라면 사람들은 대개 자기 자신을 저주하기보다는 거울을 깨부수려 하기 마련이다.

홉스는 『리바이어던』에서 정치를 이야기하기 전에 먼저 신의 그림자를 뺀 '인간' 자체를 논한다.

그는 인간이 가진 이성과 정념의 근원을 상세히 분석한 다음, 인간을 움직이는 충동은 '생존욕'과 '근거 없는 자존감'이라고 밝혔다. 홉스는 이를 기초로 해서 국가에 대한 이론을 기하학적으로 쌓아 나간다. 즉 **국가에서 신의 냄새가 나는 요소를 빼고**(이 부분이 무신론적이라는 비판을 받았다) 아리스토텔레스처럼 인간이 정치적 동물이라고 규정하지도 않았다(이 부분이 유물론적이라는 비판을 받았다).

홉스는 먼저 '인간은 평등하게 태어났다'고 규정했다.

개개인의 인간은 자신을 지키고자 할 수 있는 권리인 '자연권'을 갖는다. 이 입장에서 보면 각자의 능력 차이는 중요하지 않다. 왜냐면 능력이 아니라 자연권에 의해서 각자가 평등할 것을 주장할 수 있기 때문이다.

그런데 이러한 '평등이 서로에 대한 불신을 만든다'. 만일 어떤 두 사람이 '평등'하게 같은 것을 소망하나 그것을 두 사람 모두 향유할 수 없다면 그들은 적敵이 되는 것이다.

이런 불신 때문에 싸움이 생기고 '만인에 의한 만인의 투쟁'인 '자연상태'가 시작된다. 사람들이 투쟁하는 이유는 모두가 자신을 지키고자 할 수 있는 권리인 '자연권'을 갖고 있기 때문인데, 사람들이 싸우지 않고 평화를 얻으려면 모두가 주권자에게 '자연권'을 위탁하면 된다. 이때 필요한 것이 '자연법'이다.

'자연법'의 근본적인 생각은 '다른 사람이 너에게 하지 않았으면 좋겠다고 생각하는 일을 너도 남에게 하지 마라'이다. 이런 법에 따라 사람들이 주권자와 '사회계약'을 맺고, '자연권'을 주권자에게

요약의 신이 떠먹어 주는 인류 명저 70권

맡김으로써 하나의 '권력'으로 융합하는 것이다.

그리하여 '국가'가 만들어진다.

이렇게 탄생한 국가가 신과 관련 없이, 이 지상에서 그 무엇과도 비교할 수 없을 정도로 강한 힘을 가진 괴물, 종교적 신과 달리 '유한한 생명을 가진mortal' 신인 '리바이어던'이다.

『리바이어던』은 많은 논쟁을 일으켰고, 끝없는 반론과 비판을 불러일으켰다. 그러나 홉스의 이론은 지금도 부정하기 어려운 이론으로서 국제 정치 문제가 일어날 때마다 다시금 환기된다. '국가'가 존재하는 한, 리바이어던은 불사immortal의 괴물이다.

⑲ 『팡세』

신을 믿는 것과 믿지 않는 것, 어느 쪽이 이득인가

블레즈 파스칼 (1623년~1662년)
사상가였을 뿐만 아니라 생리학, 확률론의 선구자로도 잘 알려져 있다. 현대에도 '헥토파스칼'과 같은 압력 단위에 이름을 남겼다.

어느 날 솜씨 좋은 도박사 슈발리에 드 메레가 파스칼에게 물었다. "실력이 비슷한 A와 B가 각각 32피스톨(화폐 단위)을 걸고 게임을 했어. 총 5판 중에 3판을 이기면 64피스톨을 모두 가지기로 했지. 그런데 A가 2판, B가 1판을 이긴 상황에서 일이 생겨 게임을 그만뒀어. 다시 돈을 반씩 나누면 2판이나 이긴 A가 너무 억울할 것 같고, A에게 64피스톨을 다 주면 B가 앞으로 이길 수도 있으니 공평하지 않은 듯하네. 어떻게 해야 공평할까?"

이 질문을 받은 파스칼은 문제를 정리하여 페르마에게 편지를 썼다. 두 사람이 주고받은 편지의 내용은 훗날 파스칼이 '확률론'을 제창하는 데 기초가 되었다.

엄격한 도덕주의자이며 말년에 포르루아얄 수도원에 헌신한 파스칼이 도박사와 교류한 건 좀 뜬금없어 보일지도 모르지만, 아버지를 여읜 후 사교계에 뛰어들었던 시기에 파스칼은 이 도박사에게 사교계의 예의범절을 배우며 친분을 쌓았다.

블레즈 파스칼

조숙한 천재였던 파스칼은 세 살 때 어머니와 사별했다. 그에게는 누이와 여동생이 있었다. 그는 아버지의 방침에 따라 학교에 가지 않고 아버지에게 교육을 받으며 자랐다.

아버지는 법복귀족이었다. 법복귀족이란 본래 귀족이 아닌데 관직을 매수해서 신분을 얻은 귀족을 말한다. 아버지는 이 관직을 팔고, 토지와 집도 정리하고 그 돈으로 파리시가 발행한 공채를 사서 그 이자로 생활했다. 아들을 교육시키기 위함이었다.

파스칼은 아버지의 기대를 저버리지 않고 천재 소년다운 면모를 발휘했다. 열두 살 즈음에 이미 '삼각형의 내각의 합은 180도(유클리드기하학 정리 제 32명제)'라는 사실을 자기 힘으로 증명해 보였다. 또 그가 열여섯 살에 쓴『원뿔곡선 시론』에는 이미 '파스칼의 정리'가 포함되어 있었다. 그가 열일곱 살 때 그의 아버지는 파리시 공채의 금리가 낮아져서 지방의 징세 감독관으로 일해야 했다. 그는 열아홉 살이 되자 아버지가 세금 계산을 편하게 할 수 있도록 기계식 계산기를 발명한다. 이 계산기는 지금도 박물관에서 볼 수 있다. 현재 남아 있는 가장 오래된 계산기로서 '파스칼린Pascaline'이라고 불린다.

파스칼이 수도원에 들어가게 된 계기는 아버지의 골절상 때문이었다. 이때 그의 아버지를 치료한 의사의 형제가 포르루아얄 수도원에 속한 사람들이었다. 파스칼뿐 아니라 누이와 여동생도 그들에게 강한 영향을 받았다.

파스칼은 어릴 때부터 아버지에게 '신앙의 대상은 이성理性의 대상이 될 수 없다'는 가르침을 받았다. 그 때문에 이성을 바탕으로 한 학문이나 몽테뉴에게서 영향받은 휴머니즘이 자신의 신앙과 모순된다고 생각하지 않았다.

포르루아얄의 가르침에서 구원을 발견한 그는 『시골 친구에게 보내는 편지(프로뱅시알)』라는 책을 써서 논쟁을 불러일으켰다. 파스칼은 이어서 '기독교 변증론'을 쓰기로 결심한다. 그런데 이 책이 완성되는 걸 보지 못하고 서른아홉 살 나이에 병사하고 만다. 이 '기독교 변증론'을 만들기 위해 써 두었다고 생각되는 많은 문서를 **그가 죽은 뒤 정리한 책이 『팡세』다.**

『팡세』는 파스칼의 깊은 신앙과 확고한 도덕심, 그리고 인간에 대한 투철한 탐구가 탄생시킨 책이다. **'인간은 생각하는 갈대다'**라는 유명한 문장을 담고 있기도 하다.

『팡세』 233편에는 흔히 **'파스칼의 도박'**이라 불리는 이야기가 나온다. 파스칼은 여기서 신이 실재하는지를 이성이 판단할 수 없다고 말한다.

'신은 존재하는가, 존재하지 않는가'라는 문제가 있다고 가정하자. 우리는 어느 쪽에 서는 편이 좋은가. 이성은 여기서 아무런 결정도 하지 못한다. 블레즈 파스칼 『팡세』

그는 신의 존재를 믿는 것과 믿지 않는 것, 이 두 가지 선택지 중에 신이 실재하는 쪽에 '도박을 거는' 편이 이득이라고 말한다.

분명히 말해두지만, 당신은 살아 있는 동안 이득을 볼 거다. 그리고 당신이 이 길에서 한 발자국씩 나아갈 때마다 당신이 얻을 수 있는 이득의 확실성과 당신이 도박을 건 것이 무無에 가깝다는 사실을 너무나 잘 깨닫게 된 나머지, 결국 당신은 확실하면서도 무한한 무언가에 도박을 걸었다는 것, 그리고 그것 때문에 당신이 포기한 게 전혀 없다는 사실을 알게 될 것이다. 블레즈 파스칼 『팡세』

파스칼이 말하는 궁극의 도박을 위한 궁극의 필승법이다.
　　파스칼은 이처럼 '한 단계 위의' 신앙을 얻으려 했다. 그저 맹목적으로 신을 믿는 것이 아니라 '인간'이라는 존재에 대한 깊은 이해를 바탕으로 그 위에 신앙을 쌓아 올리려 한 것이다. 따라서 『팡세』는 신에 대한 책인 동시에 '인간'에 대한 깊은 통찰의 결과물이기도 하다.

⑳ 『에티카』
자연이 곧 신이다

바뤼흐 스피노자 (1632년~1677년)
17세기 네덜란드의 사상가이자 철학가. 생전에 출판한 『신학정
치론』와 사후 출판된 『에티카』는 1670년대 말 가톨릭교회의 금
서 목록에 올랐다.

스피노자는 17세기 네덜란드 암스테르담에서 살았다. 동시대에 암
스테르담에는 화가인 렘브란트와 베르메르가 있었다. 서로 가까운
곳에 살고 있었던 모양인데 교류한 흔적은 없는 것 같다.

그는 어릴 때부터 랍비(유대교 성직자)가 되도록 교육받았으나 암스
테르담의 자유로운 분위기와 그 분위기보다 더 자유로웠던 그의 두
뇌 탓에 유대교의 가르침을 그대로 받아들이지 못했다.

그는 유대교회와 성서를 비판한다는 이유로 1656년 **유대교에서
파문되었다**. 이는 유대교 신자로서 유대교 공동체의 보호에서 제외
된다는 의미다. 실제로 그는 광신적인 유대교도에게 살해당할 뻔한
적도 있다.

바뤼흐 스피노자

스피노자의 주요 저서인 『에티카』는 그가 죽은 뒤인 1677년 출판
되었다. 그의 유언대로 저자명은 책에서 빠졌다.

　이 책의 서술 방식은 유클리드의 『기하학원론』을 따르고 있다. 스
피노자는 자신의 저서가 누구나 확실하게 알 수 있는 정의와 공리
에서 출발해 합리적·객관적·필연적인 진리로 귀결되는 올바른 체계
로 쓰여졌다고 믿었다. 그는 생전에 『에티카』를 두고 '나는 가장 훌

룡한 철학을 찾아냈다고 말하지 않는다. 그러나 올바른 철학을 갖고 있다고 생각한다'라고 말한 바 있다.

『에티카』의 부제는 '기하학적 질서에 따라 증명된 윤리학'이며 여기서 말하는 기하학적 질서에 따른 증명이란 앞서 말한『기하학원론』의 방법을 철학에 도입한 것을 가리킨다.

이 책은 일관된 형식으로 쓰여 있다. 어떤 주제에 대한 '정의'를 먼저 서술하고, '공리', '정리', '증명' 순으로 풀어 나간다.

총 5부로 구성되어 있는데, 이를 살펴보면 다음과 같다.

1부 신에 관하여
2부 정신의 본성과 그 기원에 관하여
3부 정서의 기원과 그 본성에 관하여
4부 인간의 예속 또는 정서의 힘에 관하여
5부 지성의 능력 또는 인간의 자유에 관하여

스피노자는 철학에서 감상이나 상상력을 일체 배제했고, 신에 대해서도 객관적이고 기계론적으로 서술했다.

그에 따르면 모든 사물과 현상에는 원리가 있으며, 이 원리에도 앞선 원리가 있고, 이 모든 것을 거슬러 올라감으로써 자기만을 원리로 하는 존재에 도달할 수 있다. 이것이 **자기원인**causa sui**의 정의**이며, 이러한 속성을 가진 자가 바로 신이다.

이에 따라 스피노자는 자연은 모두 신을 최초의 원인으로 하는 속성의 표현이라 여겼다. 그러한 그의 사상은 '범신론'이라 불렸다.

스피노자의 사상은 오래도록 무신론과 같은 취급을 받았고 여러 세기에 걸쳐 스피노자주의는 '반사회적 사상'으로 여겨졌다.

그러나 18세기에 이르러 독일에서 범신론 논쟁이 일어나면서 그의 사상은 재평가되었다. 19세기에 이르러서는 니체나 비트겐슈타인 같은 인물들에게도 영향을 주었다. 알튀세르, 라캉, 들뢰즈 같은 현대철학자들도 스피노자를 높이 평가했으며 아인슈타인 역시 스피노자를 좋아했다고 한다.

종교보다 과학을 더 중요하게 여기는 현대 사회에서 스피노자 철학은 아무런 문제도 없어 보인다. 거꾸로 왜 그토록 스피노자를 기피한 건지 의아하기까지 하다.

이를 통해 확인할 수 있는 건 당시 사람들이 믿었던 종교의 정신이 얼마나 '절대적'이었나 하는 점이다. 당시에는 종교가 다른 모든 사안을 다 눌러 버릴 정도로 압도적인 존재가 아니었을까.

스피노자가 타임머신을 타고 17세기로 날아간 현대인이라고 생각해 보면 이런 의문을 푸는 데 도움이 될 것이다.

㉑『통치론』

국가는 국민의 권리를 침해할 수 없다

존 로크 (1632년 ~ 1704년)
17세기 영국의 철학자이며 '영국 경험론의 아버지'로 불린다.

존 로크는 1670년대 말부터 1680년대 초 명예혁명으로 이어진 정쟁 와중에『통치론』을 집필했다.

로크의 첫 직업은 의사였는데, 그의 실증적이고 경험론적인 자세는 의학에서 영향을 받았다고 알려져 있다.

로크는 샤프츠버리 백작의 저택에 살았다. 신임받는 명의였던 그는 백작 가문의 주치의이자 백작의 공적·사적 멘토였다.

당시 백작의 저택에서는 정기적으로 학술 집회가 열렸다. 많은 지식인들이 이곳에서 서로 생각을 나누고 논문을 발표하기도 했다. 당연히 로크도 이 그룹에 속해 있었다.

그때 지식인들이 공유하던 문제의식은 청교도혁명의 엄격한 금

존 로크

욕주의와 지나친 통제 때문에 후기 스튜어트 왕조를 허용해 버렸다
는 것이었다. 이 때문에 절대주의 왕권이 만들어졌다. 그런데 이 시
대 지식인들은 절대주의 왕권의 사상적 기반인 왕권신수설의 정당
성에 의심을 품고 있었다.

샤프츠버리 백작이 대법관으로 임명되자 로크도 공직에 나서게 되
었고 좋든 싫든 정쟁에 휘말리게 되었다. 백작이 왕가에 대립하는
편에 서기 시작했기 때문이다.

1675년, 정쟁에 지친 로크는 휴양을 위해 프랑스로 건너갔다. 그리고 몽펠리에와 파리 등지에 머물면서 정치로 받은 스트레스를 날려 버리고 여러 지식인들과 만나 좋은 자극을 받았다.

1679년 영국으로 돌아온 그는『통치론』을 쓰기 시작한다.

『통치론』은 서로 다른 시기에 쓰인 두 논문으로 구성되어 있다.

제1론에서는 로버트 필머 경의 족장주의적 왕권신수설을 논박한다. 제2론에서는 **통치의 일반 이론**을 펼친다.

로크에 따르면 자연상태에서 인간은 인류의 보전을 목적으로 하는 자연법을 나름대로 해석하고, 그 범위 안에서 자유로이 행동하며, 또한 자연법을 위반하는 사람을 처벌한다. 사회관계의 안정을 위해 정치 사회가 형성되면 정치권력을 갖는 자에게 자연법의 해석과 집행 권력을 위임한다. 정치 사회의 권력에는 입법권, 집행권, 연합권(대외관계를 담당)이 있다. 이 같은 권력을 쥔 통치자의 생각에 따라 다양한 통치 형태가 생겨난다.

그러나 국왕이 신하들의 동의 없이 멋대로 세금을 매기거나 법과 상관없이 제멋대로 통치하는 일은 국민의 수많은 권리를 위협하기 때문에 허용해서는 안 된다. 위정자가 권력을 써서 국민의 권리를 침해할 때는 민중 전체가 권력을 되찾아와서 새로운 통치 형태를 만들거나 새로운 위정자를 세울 수 있다. 필요하다면 무력을 행사할 수도 있다. 다만 그에 따른 폐해를 고려하여 저항에는 진중함이 필요하다.

로크는 왕이 신에게 정치권력을 받았다고 하는 왕권신수설을 배제했다. 그는 정치권력이 사회계약에서 비롯된다고 주장했다.

이 밖에도 이 책에서는 당시 잉글랜드 절대왕정의 통치 형태를 염두에 둔 국왕과 의회 권력의 균형을 논한다. 또한 노동에 따른 사유재산권의 기초, **화폐와 불평등한 소유의 기원**도 다룬다.

로크는 이 책과 더불어 『관용에 관한 편지』에서 근대 자유주의의 여러 요소들(통치 형태를 규정하는 개인의 권리와 평등의 원리, 제도화된 정치권력과 언론의 분리, 비정치적 활동 영역의 정치 권력으로부터 자율성, 온건한 정치 참여 등)을 제시했다.

『통치론』을 완성한 지 얼마 되지 않아 왕권에 반대하는 움직임을 강화하고 있던 샤프츠버리 백작이 왕에게 붙잡히고 만다(그 후 백작은 네덜란드로 망명하고 1713년 암스테르담에서 사망한다).

그리고 1683년에 반왕권파의 음모가 발각되었다. 이 사건에 연루되기를 두려워했던 로크도 샤프츠버리 백작을 따라 암스테르담으로 탈출했다. 이후 여러 곳을 전전하며 망명 생활을 하다가 1688년(명예혁명이 일어난 다음 해)에 비로소 귀국하여 『통치론』을 세상에 내놓았다. 이 책은 명예혁명을 이론적으로 옹호했을 뿐 아니라 미국의 독립과 프랑스혁명에도 영향을 미쳤다.

㉒ 『모나드론』

모나드로 만들어 낸 독자적인 형이상학

라이프니츠 (1646년~1716년)

17세기 독일의 철학자, 수학자, 과학자, 정치가. 뉴턴과 같은 시기에 미적분을 발견했다.

어느 날 라이프니츠는 재기 넘치는 귀족 남성과 토론을 벌였다. 늘 그막에 의지하고 있던 하노버의 선제후비 조피 샤를로테 앞에서 일어난 일이었다. 토론 장소는 조피 샤를로테가 공들여 만든 헤렌하우젠 왕궁 정원이었다(이 정원은 현대에도 그 아름다움으로 유명한데 당시 모습이 지금까지 남아 있다).

'전적으로 동일한 두 개의 사물은 존재하지 않는다'라는 라이프니츠의 명제에 반발하여 귀족 남성이 '전적으로 동일한 두 개의 나뭇잎'을 구하려고 드넓은 정원을 여기저기 뛰어다녔다. 그러나 그의 노력은 헛된 것이었다. '전적으로 동일한 두 개의 나뭇잎'은 찾을 수 없었다.

라이프니츠는 이 에피소드를 두고 '현미경으로 보면 물 두 방울

도 서로 구별할 수 있고, 우유 두 방울 역시 서로 구별할 수 있을 것'
이라고 결론짓는다.

이 에피소드는 라이프니츠 사상의 핵심인 '모나드monad'가 무엇
인지 간접적으로 보여 준다.

모나드란 그리스어 '모나스monas'에서 유래한 말로 이 단어를 최초
로 사용한 사람은 피타고라스학파의 한 사람이라고 알려져 있다.
플라톤이나 중세 그리스도교에서도 여러 의미로 이 단어를 사용한
바 있다.

모나드를 우주의 근본원리라고 정의하고, **독자적 형이상학을 형
성한 사람**이 라이프니츠다.

모나드는 나누어지지 않는 단순한 실체로서 실재적인 불가분자,
개체, 하나이며, 형이상학적 '점'이라고도 불린다. 물질적·연장적인
성격의 원자와 구별된다. 한자어로는 '**단자單子**'라고 표현한다. 이렇
게 설명을 해도 모나드가 '원자原子'와 무엇이 다른지 이해가 되지
않을 것이다.

원자(이 경우, 그리스 철학에서 말하는 아톰atom)란 물질의 최소 단위이며 그
이상 분해 불가능한 것을 가리킨다.

모나드(단자)란 이러한 최소의 단위에서조차 '차이'를 가져오는 **차
이의 최소**라고 할 수 있다. 모든 것이 같은 원자로부터 탄생한다면
완전히 같은 것만으로 이루어진 세계가 되어야 하지만 현실은 그렇
지 않다. 이렇게 다양성을 낳는 것, 다양한 차이로 인해 세계가 움직
이는 근본이 모나드이다.

「모나드론」의 초고

이 '차이'야말로 물질을 움직이고 세계를 변화시키는 힘의 원천이며, 나아가 인간의 정신을 형성하는 원천이다. 라이프니츠는 **모나드(단자)야말로 진정한 아톰(원자)**이라고 설명한다.

요컨대 우주는 모나드를 요소로 하는 합성체이다. 신은 태초의 모나드이며 신 이외의 모나드는 어딘가에 신의 의지가 담겨 있고, 그

발현은 복잡함이나 단순함의 정도에 따라 영혼, 이성적 영혼, 그리고 천사에 이르는 연속적 단계로 나타난다.

라이프니츠에 따르면 각각의 모나드는 자발적으로 변화하는 독립적 개체이며 '창窓을 가지고 있지 않다'. '모나드는 창을 가지고 있지 않다'라는 말은 그의 사상을 해석할 때 자주 등장하는 표현이다. 창이 없다는 말은 영향을 주고받는 일 없이 서로를 비출 뿐이라는 성질을 표현하고 있다. 그렇지 않다면 서로가 같은 것이 되어서 차이가 없어져 버리고 만다.

모나드는 독립된 개체로 존재하기 위해 자기 이외의 우주를 거울처럼 비추고 있다. 그리하여 각각의 모나드 안에는 모든 것이 담겨 있고, 전 세계를 응축하고 있다. 라이프니츠는 이를 '표상'이라고 불렀다. 모나드는 '표상'에 의해 신의 예정조화대로 결합하여 각자에게 서로의 우주를 비춤으로써 합성되어 몇 배로 늘어난다.

우주는 무한개의 모나드에 의해 예정조화로 변해가는 체계이다. 이는 **'이 세계에서 일어나는 일은 모두 선한 일이다'**라는 라이프니츠의 사상과 합치한다.

라이프니츠는 만능 천재로서 수학, 논리학, 생물학뿐만 아니라 역사, 법학, 정치학, 언어학에 이르기까지 거대한 족적을 남겼다. 논리 철학자 버트런드 러셀은 라이프니츠야말로 '역사상 최고의 두뇌를 가졌다'고 평했다.

㉓ 『법의 정신』
삼권분립을 주장한 당대의 베스트셀러

몽테스키외 (1689년~1755년)
프랑스의 철학자, 법학자, 정치학자. 삼권분립을 주창했다. 광범
위한 연구로 '사회학의 아버지'라고도 불린다.

몽테스키외는『법의 정신』첫머리에서 다음과 같이 단언했다.

가장 넓은 의미에서 법은 사물의 성격에서 유래하는 필연적 관계
이다. 그리고 이러한 의미에서 모든 존재는 그들의 법을 갖는다.
몽테스키외『법의 정신』

몽테스키외는 '법'이란 초월적인 무언가로부터 초래되는 것이 아
닌 서로의 '관계' 안에서 생성되는 것이라 정의했다. 그는 **신조차도
자신만의 '법'을 갖고 있으며 그 '법'을 따른다**고 말했다.

　당시만 하더라도 '법'은 체계화되어 있지 않았다. 모순이 많았고
지나치게 임기응변적이라서 그때그때 되는 대로 대처하는 일이 많

앞다. 그 유명한 로마법도 예외는 아니었다. 헤겔은 '로마법에 따르면 모든 정의定義는 위험한 것이다'라고 비꼬기도 했다. 어떤 사안에 대해 정의를 내리면 반드시 그에 모순되는 조항이 발견되기 때문이었다. 이런 혼란에서 벗어나기 위해 몽테스키외는 **삼권분립이 필요하다**고 주창했다.

몽테스키외

　　몽테스키외는 『법의 정신』에 단지 법률에 관한 것만을 쓰지는 않았다. '법'이란 단지 '정해진 규칙'인 법률뿐만 아니라 '지배'와 '권력'도 의미하기 때문이다(실제 프랑스어와 독일어에서는 법이 이와 같은 의미를 갖는다). 이러한 맥락에서 『법의 정신』은 훌륭한 정치서이기도 하다. 몽테스키외는 '법'은 한 나라의 자연, 풍토, 습속, 종교, 가치관, 경제, 역사, 환경 등에 좌우됨과 동시에 상대적이라고 주장했다. 사회를 객관적으로 파악하는 이러한 시각은 '사회과학'의 효시라고 할 수 있다.

『법의 정신』은 그 중심에 담겨 있는 정치사상만으로도 대단히 훌륭한 책이지만, 사상서로서뿐만 아니라 '읽을거리'로서도 재미있다. 무거운 사상을 다루고 있으면서도 한가할 때 팔랑팔랑 종이를 넘기며 읽으면 참 즐겁다.

예를 들어 이 책에서는 요즘의 이슈 중 하나인 '저출산' 문제를 다룬다. 흔히 저출산 문제가 현대 사회에 이르러서 발생한 문제라고 생각하기 쉽지만, 사실 고대부터 권력자들은 인구 감소 때문에 고민이 많았다. 『법의 정신』에서도 몇 가지 사례를 찾아볼 수 있다.

'카이사르는 많은 자식을 가진 자에게 포상을 내렸다.'

'아우구스투스의 법은 더욱 허술했다. 그는 결혼하지 않은 자에게 새로운 형벌을 내렸으며, 결혼하거나 아이를 가진 자에게는 상을 주었다.'

'로마에서 세 명의 자식을 둔 사람은 갖가지 공용부담을 면제받았다.'

'루이 14세는 열 명의 자식을 가진 사람에게 특별한 연금을 주었고, 열두 명이 넘는 자식을 가진 사람에게 더 많은 연금을 약속했다.' 몽테스키외 『법의 정신』

몽테스키외는 역사 속에서 정치와 법에 관한 이런 사례들을 20년에 걸쳐 수집하여 주제에 따라 분류했다.

일본에 관한 부분도 있다.

'이 나라에서는 거의 모든 죄를 죽음으로 다스린다. 왜냐면 일본에서는 황제처럼 위대한 존재에 대한 불복종은 큰 범죄이기 때문이다. 죄인을 교정하는 일에는 관심이 없다. 더럽혀진 군주의 권위를

위해 어떻게 복수를 하느냐 하는 것만 논의된다.'

'이렇게 고집스럽고 변덕스러우며 겁 없고 유별난, 그리고 어떤 위험이나 불행도 대수롭지 않게 여기는 민중의 놀라운 성격으로 보아 그들은 그 나라 입법자들이 만든 잔혹한 법을 무리 없이 받아들이는 듯하다. 천성적으로 죽음을 가벼이 여기고, 매우 하찮고 변덕스러운 성질 때문에 할복을 선호하는 사람들에게 애써 죄인의 처형 장면을 끊임없이 보여 준다 한들, 그들을 교정하거나 범죄를 단념시키는 일이 애초에 가능하기나 할까? 그것마저도 익숙해지지는 않을까?' 몽테스키외 『법의 정신』

다른 장에서도 여기저기 일본에 관한 이야기를 찾을 수 있지만 대부분 비슷한 수준의 발언이다. 몽테스키외는 유럽 최초로 일본을 체계적으로 기술한 『일본지日本誌』의 저자 엥겔베르트 켐퍼의 저서에서 일본에 관한 정보를 얻었다. 유럽 이외의 지역은 어느 나라의 사례이든 이 정도만 적혀 있다.

계몽주의 시대 유럽의 아시아에 대한 인식이 어느 정도였는지는 『법의 정신』을 읽으면 대충 이해가 된다.

몽테스키외는 눈이 멀어져 가면서도 이 대작을 완성했고 큰 반향을 불러일으켰다. 프랑스뿐만 아니라 영국 의회에서도 이 책의 내용을 인용할 정도였다.

책의 성공에 더해 몽테스키외가 만든 와인도 날개 돋친 듯 팔려 나가서 그는 주머니를 두둑이 불릴 수 있었다.

㉔ 『캉디드 혹은 낙관주의』
세상이 최선의 것으로 이루어져 있다고요?

볼테르 (1694년~1778년)
프랑스의 계몽사상가, 자유주의자. 같은 시대에 살았던 루소와
는 반목하는 사이였으며 평생 대립했다.

1755년 11월 1일 포르투갈의 도시 리스본에서 대지진이 일어났
다. 사망자는 5~6만 명. 그중 1만 명은 해일에 의한 사망자였다.

당시 여섯 살이었던 괴테는 이 지진에 커다란 충격을 받았다고
그의 자서전 『시와 진실』에서 회상한다. 칸트는 지진 재난에 관한
짧은 논문을 세 편 썼으며, 리스본 대지진은 이후 그의 철학에 크게
영향을 미쳤다.

이들과 더불어 볼테르는 리스본 대지진을 계기로 『캉디드 혹은
낙관주의』라는 제목으로 **세상을 비관하고 풍자하는 소설**을 썼다.

18세기는 '볼테르의 세기'라 불린다. 이와 동시에 '이성의 세기'이
며 '계몽의 세기'이기도 했다.

유럽을 뒤덮은 어리석은 망상과 싸워온 볼테르 같은 계몽사상가

에게 최대의 적은 누구였을까? 바로 '철학자'다.

볼테르는 철학자라는 인종을 사사건건 조롱한다. 그는 당시 큰 인기를 누리고 있던 아리스토텔레스의 철학을 두고 형편없다고 폄하했다. 그리고 아리스토텔레스의 철학을 따르는 사람들(소요학파)을 완전히 바보 취급했다.

『캉디드 혹은 낙관주의』에서 **표적이 된 철학자는 라이프니츠**였다. 이 소설은 '세계는 신이 최선의 길을 선택한 결과이고, 일어난 일은 모두 좋은 일이다'라고 말한 라이프니츠의 철학을 철저하게 비웃는다.

이 소설의 주인공 캉디드는 베스트팔렌의 영주 툰더 텐 트롱크의 조카로서 삼촌의 성에서 아무 부족함이 없이 자랐다. '세상은 최선

볼테르가 『캉디드 혹은 낙관주의』를 쓴 계기가 된 리스본 대지진

으로 만들어져 있다'는 가정교사 팡글로스의 가르침을 믿고, 뭐든 낙천적으로 생각한다.

그러나 영주의 딸 퀴네공드와 키스를 나눈 일로 모든 것이 나빠진다. 캉디드는 성에서 쫓겨나고 세상을 방랑하는 처지가 된다. 그 방랑길은 유럽 전역에서 남아메리카에 이르기까지 이어진다. 이제 가진 것 하나 없는 캉디드에게 불행은 숨 돌릴 틈도 없이 계속 찾아온다.

빈털터리가 된 옛 스승 팡글로스와 다시 만나고 나서 캉디드는 '어떤 불행한 일을 겪더라도 이 세상은 최선으로 이루어져 있다고 하는 말은 실성한 사람이나 하는 말이다'라는 결론에 다다른다.

소설의 마지막 부분에서 캉디드는 몹시 추하게 변해 버린 옛 애인 퀴네공드와 재회한다. 그들은 깊은 시골로 들어가 밭일을 하며 함께 살게 된다.

팡글로스가 '이러한 생활을 할 수 있게 된 것도 여러 가지 불행을 만난 덕이므로 역시 이 세계는 최선이라고 말할 수 있지 않은가?'라고 끝까지 주장해도 캉디드는 '지당하신 말씀입니다. 하지만 이제 우리는 우리의 밭을 갈아야 합니다'라며 상대도 안 해 준다.

볼테르의 본명은 프랑수아 마리 아루에이다. 볼테르는 본명을 라틴어식으로 바꿔 쓴 뒤 철자 순서를 바꾼 이름이다.

볼테르 자신도 캉디드와 마찬가지로 비합리적인 불행과 마주하는 일이 많았다. 대개 왕과 귀족에 의한 '괴롭힘'이었다. 그들로 인해 볼테르의 저서는 곳곳에서 발행이 금지됐다. 『캉디드 혹은 낙관주의』는 1759년 1월에 출판되자마자 2월에 파리에서 금서가 되었고, 연이어 제네바에서도 금서가 되었다. 볼테르는 이 처분에 대해 '나는 그 책의 저자가 아니다'라고 시치미 떼서 형을 면했다.

이렇게 보면 볼테르의 진정한 표적은 라이프니츠뿐만이 아니라 '일어난 일은 모두 좋은 일이다'라며 세상 물정에 무관심하고 뺀질거리기 좋아하는 귀족들이 아니었을까? 실제로 캉디드는 영주의 조카로서 처음에는 아무런 부족함 없는 삶을 살았지만 나중에는 성에서 쫓겨나고 끊임없이 불행한 일을 겪었다.

『캉디드 혹은 낙관주의』에는 고자세로 자신의 코앞에서 일어나는 일조차 보려고 하지 않는 귀족에 대한 르상티망Ressentiment(원한)이 담겨 있다.

『**사회계약론**』

평범한 사람들이 사상을 가질 때 세상은 변혁된다

장 자크 루소 (1712년 ~ 1778년)
프랑스의 계몽사상가. 동요 〈주먹 쥐고 손을 펴서〉의 작곡자로
도 알려져 있다. 다섯 명의 자식을 낳았지만 모두 고아원에 보
낸다. 이 일은 후에 볼테르에 의해 폭로된다.

계몽사상의 시대에는 '**인간은 본래 자유로운 존재다**'라는 인식이
대중에게 널리 퍼져 나갔다. 그렇다면 이렇게 자유로워야 할 인간
이 노예 상태에 있는 것은 이상하지 않은가? 이런 상황에서 벗어나
기 위해서는 어떻게 해야 할까? 장 자크 루소는 『사회계약론』에서
이 질문에 답한다.

이 책을 제대로 이해하려면 '사회계약'과 '일반의지'라는 두 가지
개념을 이해할 필요가 있다.

먼저 '사회계약'이란 무엇인지 알아보자. 이 개념은 루소가 처음
만든 개념이 아니다. 루소보다 먼저 로크와 홉스도 이 단어를 사용
했다. 그러나 **루소의 '사회계약'은 앞서 다른 사람들이 말한 개념과
는 의미가 조금 다르다.**

장 자크 루소

  ‘계약’이라는 단어를 들으면 무엇이 떠오르는가. 먼저 어떤 계약
서에 서명을 하는 이미지가 떠오를 수 있다. 이는 계약 상대가 있는
경우로서 계약에 서명하는 행위는 스스로의 의지가 바탕이 된다.

  이에 반해 ‘사회계약’은 사회에 대한 계약이며, 사회를 살아가는
모두가 당연히 받아들여야 할 계약이다. 이는 개개인의 의지에 따
라 맺는 ‘계약’과 구별된다. 서명할 필요도 없다. 현대인은 개인 간
의 계약은 쉽게 의미를 이해하겠지만 ‘사회계약’의 의미는 쉽게 떠

올리지 못한다.

유럽 사람들은 이 '계약'이라는 단어를 들으면 '신과의 계약'을 먼저 떠올린다. 이는 『구약성서』나 『신약성서』의 '약約'이 '계약契約'을 뜻하는 '약'이라는 것에서도 알 수 있다. 여기에는 그저 '약속'이라는 의미만 담겨 있는 게 아니라, 인간의 존재 그 자체를 건다는 의미까지 담겨 있다. '사회계약'에서의 '계약'도 '신과의 계약'과 마찬가지로 인간의 존재 그 자체를 건다는 의미가 담겨 있다.

그렇다면 '사회계약'은 어떠한 내용을 담고 있는가. 루소는 단 하나의 조항에 이 내용을 함축해서 담았다.

사회계약이란 사회의 모든 구성원이 자신의 모든 권리와 자기 자신을 공동체 전체에 완전히 양도하는 것이다. 장 자크 루소 『사회계약론』

여기서 말하는 '권리'는 자신의 신체와 재산을 보호할 '권리'를 말하는 것으로서 사회가 형성되기 이전 자연상태부터 존재하는 **자연권**'을 의미한다. 또한 극단적으로 얘기하면 본래 이 '권리'는 (자연권을 침해받을 때) 폭력을 행할 수 있는 '권리'이기도 하다. 이러한 권리를 두고 『성서』에서의 신은 인간의 복수 행위를 부정하며, '원수 갚는 일은 내게 속하니'라고 폭력 행위 일체를 신에게 넘기도록 명령했다. '사회계약'은 인간이 신과 계약을 맺은 것과 같이 사회와 '계약'을 맺음으로써 폭력에서 해방되고 비로소 '자유'를 얻을 수 있다는 개념이다.

사회계약은 모든 폭력을 공동체에 맡기는 것이며, 이에 따라 공동체는 사회의 법률을 만들어서 '처벌'이라는 폭력을 죄인에게 내린다. 그러나 공동체는 신이 아닌 인간으로 이루어져 있기에 절대 틀리는 법이 없다고는 할 수 없다.

만약 공동체가 계약을 위반해서 사회구성원에게 부당한 폭력을 행한다면, **사람들은 새로운 사회를 만들어 새로운 '계약'을 맺는다.** 이것이 혁명이다. 사회가 국가가 되고 폭력이 권력으로 모습을 바꾸기 위해서는 그 힘을 휘두르는 '의지'의 발현이 필요하다. 루소는 이를 '일반의지'라고 불렀다.

루소에 따르면 '일반의지'만이 국가에서 그 힘을 사용할 수 있고 '주권'은 이 일반의지에 의한 힘의 행사여야 한다. 이는 개개인의 개별의지와 겹치는 부분이 있으나 완전히 일치하지는 않는다. 더불어 이는 전체의지도 아니다. 예컨대 사회 전체의 여론이 일치한다 하더라도 이는 개별의지의 집합에 지나지 않으며, 이를 일반의지라고 부를 수 없다. 일반의지는 의견을 합친 것이 아니라 오히려 서로 다른 의견의 집합에서 만들어지기 때문이다. 루소가 제창한 일반의지에서 '의지'는 사회에서 어느 한쪽으로 힘을 치우치게 두어서는 안 된다는 뜻에서 비롯된 '의지'다.

어느 특정 계층이나 집단, 결사, 특히 왕의 의지가 다른 부문을 압도한다면 거기에 일반의지는 존재하지 않는다. 만약 민주적인 의회에서 압도적인 다수의 의견으로 결정된 사항이라 해도 어느 한쪽의 힘이 압도적인 상황에서 이루어졌다면 거기에 일반의지는 존재하지 않는다.

사람은 늘 자신의 행복을 바라는 존재이지만 무엇이 행복인지를 항상 이해하고 있는 것은 아니다. 장 자크 루소 『사회계약론』

행복을 바라는 욕망은 어떠한 형태든 한시적으로 편중된 것이며, 그것이 무수히 많이 모인다 해도 '의지'라고 불러서는 안 된다.

일반의지는 그때그때 상황에 따라 정당화되는 욕망의 바깥에 존재한다. 따라서 일반의지는 언제 어디서든 옳다.

일반의지의 해석을 두고 여러 설이 있지만, 루소는 이 단어를 왕권을 가차 없이 부정하기에 앞서 그것을 완전히 지워 버리기 위한 '지우개'와 같은 용도로 사용한 듯하다. '일반의지'에 관해서는 그 정의를 해석하기보다 **루소가 이 단어에 어떤 기능을 부여했는가 하는 점**에 주목하는 편이 좋다.

이는 자크 데리다의 해체주의를 먼저 도입했다고도 말할 수 있다. 데리다는 그의 저서에서 몇 번이고 루소를 언급한다.

『사회계약론』은 루소의 저서 중에서는 그다지 판매량이 높지 않았다. 그러나 이 책은 루소의 저서 중에서 역사에 가장 많은 영향을 끼쳤다. 이 책 덕택에 그는 프랑스혁명의 이론적 지주가 되었으며, '**혁명의 아버지**'라 불렸다.

루소는 자전적 이야기를 담은 『고백록』에서 자신의 '평범함'을 자백한다. 루소의 사상은 평범한 사람의, 평범한 사람에 의한, 평범한 사람을 위한 것이었다. 세상의 많은 평범한 사람들이 사상을 가질 때 세상은 변혁되고, 결국에는 혁명이 일어난다.

『상식』

미국의 '상식'을 만들어 낸 책

토머스 페인 (1737년~1809년)
미국의 사상가. 미국 독립 전쟁의 주역으로 독립 전쟁 초기부터
노예제도를 반대했다.

국가가 독립한다는 것은 중대한 일이다. 국민의 의지를 통합하면서 그 나라에 새로운 정체성을 세워야 하기 때문이다. 미국은 운 좋게도 이 두 가지를 소책자 한 권으로 이룰 수 있었다.

1776년 1월 10일, 소책자 한 권이 필라델피아에서 출판되었다. 한 부에 2실링(오늘날 돈 가치로 5달러 정도), 열두 권을 한번에 사면 할인된 가격인 18실링에 살 수 있었다. 이 소책자에는 저자명이 '영국인 저자'라고만 표기되어 있었다. 제목은 『상식Common Sense』이었다. 이 책에서 말하는 '상식'이란 다음과 같다.

• 식민 지배에 대한 반항은 정당하다.
• 독립만이 유일하고도 최고의 해결책이다.

• 공화제야말로 가장 올바른 정부 제도다.

이는 당시 식민지였던 미국에서 모두가 막연히 느끼고 있으면서도 공공연히 입에 담지는 못하는 주제였다. 초판 1000부는 금세 절판되었고, 3개월 만에 12만 부를 인쇄하였으며, 그해 말까지 56판을 찍어 15만 부나 팔렸다. 이렇게 팔린 소책자의 인세는 인쇄 회사가 반을 가져가고, 나머지 반은 조지 워싱턴 휘하의 군대에게 돌아갔다. 이 소책자를 읽은 많은 사람들과 미국 여러 주의 대표자들은 이에 힘을 얻어 독립전쟁에 나설 결심을 했다. 그리고 마침내 1776년 7월 4일 미국은 독립선언을 한다.

미국 역사를 움직인 이 소책자를 쓴 인물이 바로 토머스 페인이라는 '영국인'이다. 페인은 1737년에 영국 노퍽주에서 태어났다. 젊은 시절 세무서에서 일했으나 생활은 변변치 못했다. 페인은 직원들의 처우 개선을 호소하는 팸플릿을 만들어 뿌렸으나 생각처럼 동의를 얻지는 못했고 결국 해고당하고 만다.

곤경에 빠진 페인은 이처럼 불합리한 사회의 원인은 국왕 조지 3세에게 있다고 생각하기에 이르렀다. 페인을 경제적으로 도와준 조지 루이스 스콧은 조지 3세

1776년 출판된 「상식」의 초판본

(좌) 벤저민 프랭클린, (우) 토머스 페인

의 유년 시절 교육을 보좌한 적이 있었다. 그는 제멋대로이면서 거만한 국왕의 성격에 대해 페인과 자주 이야기하곤 했다. 당시 영국 정계에서 조지 3세의 횡포는 두드러졌으며 때때로 의회를 발칵 뒤집어 놓을 정도였다. **페인의 정치적 스승은 역설적으로 조지 3세였다고 할 수 있다.**

　모든 것을 잃은 페인은 예전 동료의 소개로 벤저민 프랭클린과 만난다. 그때 프랭클린은 식민지 미국의 대변자로서 영국의 국가행정 중심 기관인 추밀원에 소환되었다. 그때 공교롭게도 보스턴 차茶 사건이 일어났다. 그리고 이 사건으로 프랭클린은 추밀원에서 많은 지탄을 받았다.

　페인은 프랭클린이 써 준 소개장을 가슴에 품고 혼자 미국으로 건너간다. 아내와는 수년 전 헤어진 뒤였다. 당시 미국은 영국의 식민지이긴 했지만 이미 13개 주의 대표가 모여 구성한 대륙 의회가 나라 전체를 통치하고 있었다. 그러나 민중은 날 때부터 왕정에 익숙해져 있었던 탓에 '왕이 없는 나라를 만든다'는 건 감히 상상도 못하고 있었다. 프랭클린조차도 '본국과 식민지를 연결하는 유대는 의회가 아닌 국왕이다'라고 자주 말했을 정도다. 보스턴 차 사건 이후 이미 영국과의 전쟁이 시작되었음에도 미국의 많은 사람들이 결단을 내리지 못하고 갈팡질팡하고 있었다.

이런 미적지근한 상황에서 가져야 할 '상식'을 명확히 제시한 토머스 페인의 소책자『상식』은 사람들을 독립으로 이끌었고, '미국'을 미국인만의 나라로 만들고자 하는 결의를 다지게 했다. 미국이라는 나라에 대하여 알고 싶은 사람은 무엇보다 먼저『상식』을 읽어야 한다. 이 책에서 진정한 미국의 원점인 '상식Common Sense'을 찾아볼 수 있기 때문이다. 밥 딜런도 다음과 같이 노래했다.

As I went out one morning

To breathe the air around Tom Paine's

(어느 날 아침 밖으로 나가서

톰 페인과 같은 공기를 마셨다) 밥 딜런 〈As I went out one morning〉

『국부론』

'보이지 않는 손'이 이 책의 전부가 아니다

> 애덤 스미스 (1723년~1790년)
> '경제학의 아버지'라고 불리지만, 도덕주의자로서 『도덕감정론』
> 을 썼다.

애덤 스미스는 『국부론』의 저자로서 **경제학의 아버지**라고 불린다. 『국부론』의 원제는 『국가 부富의 본질과 원천에 대한 탐구An Inquiry into the Nature and Causes of the Wealth of Nations』이며 『국가의 부』라고 번역할 때도 있다.

『국부론』에서 말하는 '부'란 무엇일까? 이 책에서는 애덤 스미스는 '부'가 금이나 은이 아니라 한 나라의 국민이 소비할 수 있는 생활필수품 및 편의품이라는 사실을 강조한다. 이러한 '부'를 생산하는 것은 국민의 '노동'이다. 국민이 소비하는 생활필수품과 편의품은 국민의 노동에 의한 생산물이거나 그 생산물로 얻은 화폐로 다른 나라에서 사들인 물품이다. 여기서 알 수 있듯 **'부'의 원천은 '노동'이다.**

애덤 스미스

　노동에 따른 생산량은 노동생산력(일정한 시간 동안 노동력을 들여 생산물을 생산할 수 있는 능력)의 정도, 그리고 국민 중에서 생산적 노동자(소비보다 생산이 큰 유용 노동 종사자)가 얼마나 되는가에 따라 결정된다. 이 둘 중에서 더 중요한 요소는 노동생산력이다. 생산적 노동자의 비율이 낮아도 노동생산력이 높아서 저소득층에게도 생활필수품과 편의품을 보급할 수 있는 선진국을 떠올려 보면 그 이유를 알 수 있다. 개발도상국은 생산적 노동자의 비율이 높아도 빈곤한 경우가 많다. 애덤 스미스는 노동생산력을 중요시 생각하고 **노동생산력을 높여서 부를 생산하는 일을 상세히 분석했다.**

『국부론』은 모두 다섯 편으로 구성되어 있다.

1편은 **사회적으로 분업을 실시하면 국가 전체의 생산력을 향상시킬 수 있다**는 내용이다. 분업하는 사람들은 각자의 생산물을 서로 교환하게 된다. 이렇게 전체 생산성이 높아지면 개개인의 직업 전문성도 높아진다. 또 분업으로 인해 교환의 필요성이 늘어나면서 화폐가 필요하게 되고, 드디어 화폐를 통한 물건 거래가 이루어진다. 이에 따라 상업 사회가 형성되고 생산물의 사용가치와 교환가치 사이에 괴리가 생긴다. 생산물 가격은 노동자, 자본가, 지주 사이의 이익 분배를 고려해 결정된다.

2편에서는 **생산적 노동자의 비율과 자본 축적의 상관관계**를 다룬다. 예를 들어 화폐는 금속 조각의 역할을 하지는 않아도 그것을 자본으로 축적한다면 새로운 노동자를 고용하여 노동 종사자를 늘림으로써 '부', 즉 생활필수품 및 편의품을 풍부하고 윤택하게 얻어낼 수 있다. 금속 화폐가 지폐가 되면 그 효율은 한층 더 증진된다.

3편에서는 **농업이 중요하다**고 주장한다. 국가가 부유해지기 위해서는 먼저 농업이 발전한 뒤에 도시가 성장하는 것이 올바르다. 그러나 현실에서는 도시의 성장을 무엇보다도 우선시하므로 농업의 발전이 저해되고 있다. 애덤 스미스는 농업이야말로 나라의 근간이라고 여러 차례 주장한다.

4편에서는 그 유명한 '**보이지 않는 손**'이라는 말이 나온다. '신神의 보이지 않는 손'이라는 표현은 나중에 다른 사람이 만든 문장이다. 원래 이 책에는 없는 말이다. 이 부분에서 중상주의와 중농주의를 비판하고, '보이지 않는 손'이라는 자유주의적 사상의 이점을 말한다. '보이지 않는 손'이란 이익을 추구하는 이기적인 행동이 국가에 의도하지 않았던 발전을 가져오는 현상을 표현한 말이다.

5편에서는 **국가 재정정책**의 본질을 이야기한다. 행정, 국고 수입, 군비 등에 대해 작은 정부, 이른바 '야경국가'적인 정책을 제시한다.

경제학 전공자 중에서 『국부론』을 읽은 사람이 의외로 많지 않다. '보이지 않는 손'이라는 개념만 알고 있으면 굳이 읽지 않아도 된다고 생각하는 듯하다.

그러나 『국부론』은 단순히 '보이지 않는 손'이라는 개념만을 다룬 책이 아니다. 예를 들어서 '나라의 부가 한계를 넘어 축적되면 어떤 현상이 일어나는가?' 같은 다른 문제도 다룬다. 스미스는 이렇게 되면 '노동자의 임금이 받아들이기 어려울 정도로 떨어지고, 인구가 늘지 않고, 산업 이익률도 한계치까지 낮아진다'고 예상했다.

스미스는 『도덕감정론』 초판(1759년)의 끝부분에 법과 통치의 일반원리와 정의, 행정, 국고 수입, 군비의 역사를 다음 책에서 명확히 설명하겠다고 약속한 바 있다. 그는 죽기 직전에 출판한 『도덕감정론』의 개정판(1790년)에서 행정, 국고 수입을 다루었고 『국부론』에서 군비를 다룸으로써 이 약속을 지켰다고 썼다.

스미스는 경제학이 독립적인 형태로 여러 사회과학 위에 군림하는 학문이 아니라 법학, 윤리학을 포괄하는 체계의 일환으로 성립할 수 있도록 이 책들을 썼다.

㉘ 『로마제국 쇠망사』
예술의 경지에 오른 최고의 역사서

에드워드 기번 (1737년 ~ 1794년)
18세기 영국의 역사가. 영국 계몽사상의 거성이지만 프랑스혁명을 비판했다.

『로마제국 쇠망사』는 2세기 로마제국 전성기부터 동로마제국의 멸망까지 그려 낸 로마사의 고전이다. 모두 6권에 71장으로 구성되어 있다. 에드워드 기번은 10년이 넘는 시간 동안 이 책을 썼다.

오늘날에도 이 책이 가진 매력은 빛을 잃지 않는다. 역사서에서 흔히 쓰이는 무미건조한 문장이 아니라 일류 문학작품으로 여기고 읽을 수 있을 만큼 문장이 뛰어나기 때문이다. 역사서로서 지위는 둘째 치더라도 역사문학으로서는 지금도 이 책에 견줄 수 있는 책이 없다는 평가를 받는다.

철학가 버트런드 러셀은 「예술로서의 역사서」에서 다음과 같이 썼다.

팔미라 제국의 여왕 제노비아에게 흥미가 생겨서 『캠브리지 고대사』라는 책에서 관련 부분을 읽어보았지만, 유감스럽게도 그녀에 대해 이렇다 할 만큼 감이 잡히는 글이 없었다. 문득 기번의 책이 떠올라 그가 쓴 책을 다시 손에 잡으니 금세 그녀가 어떤 인물이었는지 구체적으로 떠올릴 수 있었다. 기번은 그녀에 대한 자신의 감정을 적극적으로 나타내고 있다. 그녀와 함께 궁정에 있었다면 어땠을까 하는 상상을 하며 묘사했기 때문이다. 그는 그저 이미 알려진 사실을 냉정하게 연대기풍으로 나열하지 않고 생생한 상상력으로 그려 냈다. 버트런드 러셀「예술로서의 역사서」

『로마제국 쇠망사』의 문학성은 이 책에서 보이는 몇 가지 경구警句에서도 짐작할 수 있다. 기번의 말은 지금도 유럽과 미국의 정치 기사나 평론에 자주 인용된다.

'인류라는 존재가 은혜를 베푸는 사람보다 오히려 파괴자에게 아낌없는 찬사를 쏟아 내는 한, 아무리 숭고한 인물이라 할지라도 군사적 영광을 향한 갈망이라는 악덕에서 결국 빠져나오기 힘들게 된다.'

'바야흐로 진정한 시인의 이름은 거의 잊혀지고 웅변가 또는 궤변가로 그 의미가 바뀌었다. 그저 너무나도 많은 비평가, 편집자, 해설가 같은 무리만이 학문의 고개를 떨구게 하고, 이러한 정신 쇠퇴는 곧 취미의 타락이라는 결과를 불러오게 되었다.'

'입헌적 자유에서는 피하기 힘든 매수라는 수단'

'인간은 자신의 눈앞에 있는 현재의 좋은 점은 과소평가하고, 나쁜 점은 확대하여 생각하는 경향이 강하다.'

'우리가 이 꺼림칙한 발명품(화약)의 급속한 진보를 이성과 학문, 그리고 평화를 가져오는 기술의 더딘 발전과 대비할 때 철학자는 그 천성에 따라 인류의 어리석음을 비웃거나 크게 슬퍼할 것이다.'

에드워드 기번『로마제국 쇠망사』

『로마제국 쇠망사』는 로마사를 이야기할 때 오늘날에도 **빼놓을 수** 없는 문헌이다. 또한 수많은 정치적 위인들에게 영향을 끼친 책이기도 하다. 애덤 스미스나 윈스턴 처칠이 즐겨 읽었고 인도의 초대 총리 자와할랄 네루는 옥중에서 이 책을 탐독했다고 한다.

오늘날에는 인터넷의 보급으로 해외 언론 기사를 쉽게 접할 수 있게 되었다. 외국의 정치 칼럼을 읽을 때『로마제국 쇠망사』의 한 구절을 응용한 표현을 자주 찾아볼 수 있는데, 이 책을 모르고 그런 글들을 읽는다면 쉽게 이해하기 어려울 수 있다.

오늘날 역사나 문학보다도 정치에 대해 논하고자 하는 사람에게 이 고전이 갖는 의미가 더 깊은 것 같다.

에드워드 기번

㉙ 『순수이성비판』
인간의 이성이 세계를 창조한다

임마누엘 칸트 (1724년~1804년)
독일을 대표하는 철학자. 평생 쾨니히스베르크를 벗어난 적이
없었다. 매일 같은 시간, 같은 오솔길에서 산책했다. 이런 습관
이 마을 주민들의 시계 역할을 했다.

독일의 시인 하인리히 하이네는 칸트를 두고 이렇게 말을 했다.
"프랑스혁명은 왕의 목을 잘랐으나, 칸트는 신의 목을 잘랐다." 만
약 이 평을 칸트가 직접 들었다면 "나는 절대 그런 적이 없어!" 하
고 답했으리라.

칸트는 독실한 크리스천이었다. 정치적으로는 보수였으며 사형
제에 찬성했다. 유대인을 멸시했고 황제에 충성을 다했으며 프랑
스혁명을 완고하게 부정했다.

그런 그가 쓴 『순수이성비판』은 본래의 저작 의도를 뛰어넘어
시대가 흐르면서 점점 더 중요한 책이 되었다.

칸트는 쾨니히스베르크의 길을 걸으며 12년에 걸쳐 인간의 '이성'

임마누엘 칸트

에 대하여 끊임없이 생각했다. '이성'이란 무엇인가? 이성은 거의 모든 인간이 갖추고 있으며 공유할 수도 있는 것이다. 인간은 이성을 공유함으로써 세계에 대한 인식을 공유한다.

하늘에는 태양이 있는데 그것은 사람에 따라 다르게 인식되는 일이 없다. 또한 1 더하기 1은 2가 되고, 꽃은 피고, 산은 초록빛이다. 당연한 일이지만 칸트는 이 **'당연한 일'이 어째서 '당연한 일'이 되었는지** 깊이 파고들었다.

갓난아이는 말을 배우기 전에 바깥 세계를 인식한다. 선천적으로 세계를 인식하지 못하면 말을 배우는 것도 기대하기 어렵다. 즉 이것은 선천적으로 인간이 갖춘 능력이다. 칸트는 이를 **선험적**(아프리오리a priori) **관념**이라 불렀다.

그렇다면 인간이 선천적으로 세계를 인식할 수 있는 이유는 무엇인가? 세계가 먼저 존재하고, 우리가 선험적 관념에 따라 이 세계를 모두 인식할 수 있다면 문제가 되지 않는다. 그러나 왜 이토록 세계는 납득하기 힘든 일들 투성이인가? 그렇다면 혹시 우리는 외부 세계를 인식하고 있는 것이 아니라 우리가 인식하고 싶은 대로 외부 세계를 보고 있는 것이 아닐까? 이러한 생각을 칸트는 '**코페르니쿠스적 전환**'이라 이름 붙였다. 그리고 이 '전환' 덕분에 문제를 명확히 알 수 있게 되었다. 그럼 세계는 이성에 의해, 인간이 이를 인식할 수 있을 만큼 순수한 이성에 따라 구성되어 있어야 한다. 그러나 이성에는 한계가 있다. 따라서 세계를 파고 들어가다 보면 이율배반(안티노미antinomie)을 마주하게 된다.

세계의 시작과 끝은 존재하는가? 그 어느 쪽도 없는 것인가?
세계는 단순한 것인가? 복잡한 것인가?
세계는 자유로운가? 자유롭지 않은가?
세계는 필연적인가? 우연적인가?

이 질문들은 둘 중 어느 쪽에나 '그렇다'고 말할 수 있다. 이율배반이 존재하는 것인데, 만약 세계가 붕괴하는 일 없이 존재하고 있다면 거기에는 이율배반이 있을 리가 없다. 그렇다면 **세계는 이율배반에 빠지는 이성과는 별개로 존재한다**는 결론이 나온다.

인간은 이성이 자기 자신의 내부에 있다고 생각하지만, 이성은 실은 외부 세계에 대해 초월론적(트랜센덴탈transcendental)으로 존재하는 무언가이다. '이성理性'이라고 읽으면 이 말에 있는 '성性'이라는 글자 때문인지 인간만이 갖고 있는 것처럼 느껴지지만 독일어로 Vernunft는 영어로 reason이며 이유나 원인, 어떤 일의 시초라는 뉘앙스가 있다. 인간이 갖는 '이성'도 이러한 초월론적인 관념을 구성하는 일부에 지나지 않는다. 우리는 자연계를 만들어 낸 '이성'을 통해서만 세계를 인식할 수밖에 없다.

세계는 인간의 바로 주변에 있는 '물物'에 따라 구성된다. 그렇다면 그 세계 자체는 이성과 별개로 존재하며, **'물자체物自体'를 인간은 인식할 수 없다**는 말이 아닌가.

'물자체'를 알 수 있는 것은 신뿐이며, 인간은 이성의 한계 때문에 '물자체'를 알지 못한 채로 이 세계를 살아갈 수밖에 없다.

칸트는 자신의 철학에 따라 종교와 철학을 확연히 나누어 생각하였고, 신의 존재를 증명할 참이었다. 그러나 반대로 '인간은 신 없이도 살아갈 수 있다'라는 사실을 증명하게 되었다.

칸트는 자신의 사상이 얼마만큼의 힘을 발휘할 것인지 스스로 예측할 수 없었을 것이다. 아이와 같은 순진함으로 자기 사상의 '방아쇠'를 당겼을 때 총구 앞에 서 있었던 것은 그가 사랑하는 신이었다.

칸트는 후에 『실천이성비판』에서 신의 존재를 다시 설명하지만, 하인리히 하이네는 "칸트는 자신의 하인 아저씨가 슬퍼하는 모습을 볼 수 없어 썼을 것이다"라며 그 글을 조롱했다.

『인구론』
'빈곤'의 원인에 관한 잔인한 진실

토머스 맬서스 (1766년~1834년)
영국의 목사, 정치경제학자. 루소와 지인이었던 아버지와 벌인
토론 과정에서 새로운 경제학을 주창한다. 구빈법 제정을 비판
했다.

1789년 일어난 프랑스혁명은 사회를 변화시킬 뿐만 아니라 인간
의 사고에도 영향을 미쳤다. 그리고 그 영향력은 바다 건너에 있는
영국에도 전해졌다. 진보주의 사상이 유행했고, 1793년 윌리엄 고
드윈이 낸 『정치적 정의』가 큰 파장을 불러일으켰다. 이 책에 반발
해 토머스 로버트 맬서스라는 이름의 목사는 『인구론』이라는 책을
펴냈다.

　『인구론』에서 그가 밝힌 인구와 경제에 관한 원리는 오랫동안
사람들에게 **'잔혹하지만 부정할 수 없는 사실'**로 남게 되었다. 이는
후에 경제학이라는 학문에 '음울한 과학dismal science'이라는 꼬리표
가 붙게 된 원인이 되었다(이 별명을 붙인 사람은 『영웅숭배론』의 저자 토머
스 칼라일이다).

토머스 맬서스

맬서스가 『인구론』에서 서술한 원리는 그다지 복잡하지 않다. 그 원리를 요약하면 다음과 같다.

'인구는 기하급수적으로 증가하고 식량은 산술급수적으로 증가한다. 인간의 불행과 악덕은 이러한 자연의 법칙 결과이며 여기에서 벗어날 수 없다.'

즉 인구가 증가하는 속도보다 그들을 먹여 살릴 식량의 생산 속도가 늦기 때문에 늘 빈곤이 존재한다는 말이다. 이는 누구나 짐작할 수 있을 만큼 단순하면서도 반론하기 어려운 이론이었다.

목사인 맬서스는 빈곤이 존재하는 이유를 빈곤이 절망을 낳기 때문이 아니라 새로운 활력을 낳기 때문이라고 했다. 빈곤을 피하기 위해 우리는 스스로 기운을 돋우고, 상황을 개선하기 위해 노력하게 된다는 것이다.

현대에서도 신자유주의적 사상가들은 거의 맬서스와 같은 논조의 말을 하곤 한다. 그러나 맬서스의 이론은 이런 절대적인 자유주의를 그대로 긍정하지만은 않는다.

애덤 스미스의 정의에 따르면 대외무역은 국가의 부를 증가시키는 일이지만 (……) 노동을 유지하기 위한 자금을 증가시키는 데는 이것이 그렇게 도움이 되는 일이 아니라는 것을 알 수 있다. 이는 대다수 사회구성원의 행복에는 별로 도움이 되지 않는다. 토머스 맬서스 『인구론』

이처럼 애덤 스미스의 논리에 반박하여 자유무역을 부정하는 의견도 보인다.

또한 맬서스는 다음과 같이 경제 격차를 비판적으로 다루기도 한다.

문명국에서 소유 계급과 노동 계급이 나누어지는 건 어쩔 수가 없지만, 소유 정도의 차이가 적으면 적을수록 무한히 좋은 결과가 생긴다. 재산 소유자 수가 많으면 많을수록 노동자 수는 적어지고, 사회 다수는 재산 소유자로서 행복한 상태가 되며, 그보다 적은 수의 사람이 자신의 노동 이외에는 전혀 재산이 없는 불행한 상태가 된다. 토머스 맬서스『인구론』

『인구론』은 1798년에 초판이 출판되었을 때는 얇은 책이었으나 판이 개정될 때마다 분량이 늘어나 1826년에 나온 제6판은 분량이 초판의 다섯 배에 달했다.

제5판에서 맬서스는 존 메이너드 케인스의 근대 경제학에서 논하는 '유효수요이론(기업은 수요에 따라 생산하기 때문에 불황을 벗어나기 위해서는 소비자의 수요를 인위적으로 환기할 필요가 있다는 이론)'을 이보다 앞서 주장하였으며, 케인스는 훗날 맬서스의 사상에 찬사를 보낸 바 있다.

인구가 감소하고 있는 현대사회에서 맬서스 이론은 무효할까? 그렇게 단순하게 생각할 수는 없다. 인구가 감소하더라도 경제 격차가 벌어지고 빈곤층의 비율이 높아지면 인구가 많을 때의 상황과 결과가 별반 다르지 않기 때문이다.

역설적으로 인구가 감소하면 사회가 더욱 '음울dismal'한 모습이 될 수도 있을 것이다.

서양편

19세기

㉛ 『정신현상학』

주인과 노예는 언제든 뒤바뀔 수 있다

게오르그 빌헬름 프리드리히 헤겔 (1770년 ~ 1831년)
독일 관념론을 대표하는 사상가. 그는 강의실 입구에 '여기 들어
오는 자, 모든 희망을 버려라'라는 『신곡』의 글귀를 붙여 두었다
고 한다.

프랑스혁명이라는 대사건은 유럽 세계를 뒤흔들었다. 여기서 말하는 '세계'란 외면적 사회뿐만 아니라 '내면적 세계'도 포함한다. 혁명을 올바르게 다시 파악하기 위해서는 외면적 사회와 내면적 세계를 모두 아우르는 '세계' 그 자체에 대하여 다시 생각해 볼 필요가 있었다. 이것이야말로 철학자의 의무이기 때문이다. 헤겔은 『정신현상학』을 씀으로써 그 의무를 충실히 수행했다.

1806년 나폴레옹의 군대는 프로이센을 침공했다. 난무하는 포화 속에서 한 남자가 원고 뭉치를 품에 안고 여기저기로 몸을 피한다. 그 남자의 이름은 게오르그 빌헬름 프리드리히 헤겔. 그의 품 속에 있던 원고는 후에 『정신현상학』이라는 제목으로 출판된다.

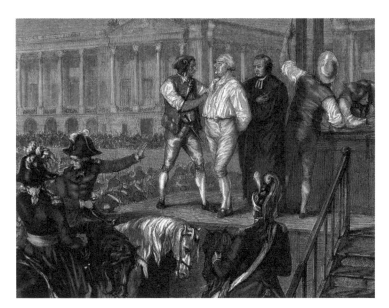

혁명 재판을 통해 단두대에서 처형되는 프랑스의 왕 루이 16세

　헤겔이 『정신현상학』의 마지막 장을 완성했을 때, 마침 나폴레옹이 혁명군을 이끌고 예나에 입성했다고 한다. 헤겔은 이 모습을 보고 친구에게 보내는 편지에 "세계의 정신이 말을 타고 도시를 통과한다"라고 적었다.

그의 첫 저서인 『정신현상학』은 당시 헤겔이 쓴 다른 책들에 비해 가볍게 다루어지는 일이 많았다. 하지만 훗날 마르크스는 이 책을 **"헤겔 철학의 진정한 탄생의 땅이며 그 비밀이다"**라고 높이 평가했다.

이 책에 담긴 헤겔 철학 중에서도 가장 중요시되는 장이 '주인과 노예의 변증법'이라 불리는 장이다. 이 장의 내용은 다음과 같다.

인간의 의식은 외부 세계를 접할 때 이중화된다. 주체로서의 나와 이에 봉사하기 위한 나로 나뉜다. 이중화 과정은 대부분 자각 없이 이루어지며, 이중화는 의식되지 않는다. 혼자 요리를 해서 먹을 때 요리하는 나와 먹는 나를 나누어 생각하지 않는 것과 같다.

식재료를 고르고 다듬어 조리하는 나는 외부 세계에 존재하는 사물을 직접 다루지만, 존재하는 것을 지배하고자 하는 주체(먹는 나)의 욕망은 어디까지나 먹는 나에게만 있다.

욕망하는 주체로서의 나는 욕망에 봉사하는 나를 매개로 해서만 외부 세계를 접할 수 있다. 주체로서의 내가 먹는 음식은 봉사하는 내가 조리한 음식일 뿐이며, 이는 이미 재료의 본 모습을 잃고, 주체로서의 내가 욕망한 바에 따라 형태가 변모한 음식일 뿐이다.

주체로서의 나는 봉사하는 나를 통해서만 외부 세계를 접할 수 있고, 내 존재가 자립하지 않는다는 사실을 당연하게 받아들인다. 이런 관점에서 보면 오히려 **자립한 존재는 욕망하는 내가 아니라 봉사하는 나다.**

주인뿐만 아니라 노예도 자기 자신을 완성함과 동시에 자신들이 원래 처해 있었던 상태와는 반대 위치로 바뀌어 버린다. 말하자면 자기에게 떠밀려온 의식으로 원래의 자기 자신을 성찰할 때 진정한 자립의 상태로 반전反轉하는 것이다. 게오르그 빌헬름 프리드리히 헤겔 『정신현상학』

즉 주체로서의 내가 '주인'이고, 이에 봉사하는 내가 '노예'가 되지만, 세계와 대립할 수 있는 '노예'가 그저 욕망하는 '주인'보다 자립적인 존재가 된다. 이 '주인과 노예의 변증법'은 이후 알렉산더 코제브가 이어받아 새롭게 전개한다.

헤겔은 과거 '프로이센 왕정복고 정신의 학문적 거처', '보수적 국민국가 사상', '열린 사회의 적'이라는 평가를 받았으나, 현재는 **'깊은 내면까지 한결같은 혁명의 철학', '강압 정치로 괴로워하는 사람들의 변호인', '점진적 개혁에 공명하는 리버럴리스트'**라고 재평가받고 있다.

노년에 병상에 있던 헤겔은 이렇게 중얼거렸다.

"나를 이해한 사람은 단 한 사람뿐이었다."

잠시 후, 그는 이렇게 덧붙였다.

"그러나 그 사람도 나를 오해하고 있었다."

『파우스트』

신과 악마의 내기로 시작된 인간의 이야기

요한 볼프강 폰 괴테 (1749년~1832년)
독일을 대표하는 문호. 그의 대표작 『젊은 베르테르의 슬픔』은
나폴레옹도 즐겨 읽었다.

괴테는 만능재주꾼이었다. 음악가로서는 펠릭스 멘델스존을 발견했고, 이탈리아를 여행하며 화가가 되고자 한 적도 있다. 과학자로서는 『색채론』을 저술하여 뉴턴을 비판하기도 했고, 정치가로서는 바이마르 공국의 재상을 지내기도 했다. 괴테의 이러한 업적들 가운데 지금까지도 가장 높이 평가받는 업적은 작가로서 평생의 역작 『파우스트』를 남긴 일이다.

『파우스트』는 1부와 2부로 나누어져 있다. 1부 발표부터 2부 완성까지 25년이라는 긴 시간이 걸렸다.

서곡

악마 메피스토펠레스(이하 메피스토)가 신에게 파우스트를 유혹해도 되느냐고 묻는다. 신은 "선한 인간은 어두운 충동 속에서도 올바른 길을 잘 알고 있다"라고 말하고 메피스토에게 파우스트를 유혹해도 좋다고 허락한다.

1부

50대 중반에 들어서 온갖 학문을 철저하게 연구한 파우스트는 '결국 인간은 어떤 것도 이해할 수 없다'는 결론에 다다른다. 그래서 악마를 불러내어 우주의 비밀을 파헤치기로 한다. 악마의 존재를 눈으로 직접 확인한 파우스트는 유한한 육체에서 벗어나야 한다는 생각에 독을 마시고 죽으려 한다. 그러나 이때 부활절을 알리는 종소리와 성가대의 합창 소리를 듣고 죽으려는 생각을 단념한다.

파우스트는 다음 날인 부활절에 그의 조수 바그너와 함께 성문 밖으로 산책을 나간다. 그때 개의 형상을 한 메피스토가 따라와서 파우스트의 서재에 숨어든다. 파우스트가 마술로 개의 정체를 간파하자 메피스토는 도망친다.

며칠 뒤 메피스토는 기사로 변장하여 등장한다. 그리고 파우스트에게 갖가지 환락을 맛보게 해 주겠다는 말을 늘어놓는다. 결국 파우스트는 메피스토와 계약을 한다. 이번 생에서는 메피스토가 파우스트에게 종속된 하인이 되고, 그 대신 파우스트가 어느 순간에 환희에 취하여 "멈추어라, 그대는 아름답구나!"라고 말하게 되면 파우스트는 그 자리에서 메피스토에게 혼을 넘겨주어야 한다는 내용의 계약이다. 계약을 맺자마자 메피스토는 파우스트를 20대 젊은이로 변신시킨다.

1828년 외젠 들라크루아가 그린 『파우스트』 속 메피스토의 모습

　파우스트는 그레트헨을 만나 첫눈에 반하고, 메피스토의 도움으로 그녀를 유혹한다. 그는 한 번은 그녀와의 사랑을 단념하려 한다. 그러나 그레트헨을 향한 마음이 깊어져서 다시금 사랑을 나누게 된다.

파우스트는 그들의 밀회를 방해하는 그레트헨의 어머니를 잠재우라며 그레트헨에게 수면제를 건넨다. 그러나 그레트헨이 수면제 분량을 잘못 조절한 탓에 어머니는 숨을 거둔다. 게다가 파우스트는 그레트헨의 오빠를 길에서 마주쳐 그녀의 일로 결투를 벌인다. 그 결과 오빠를 죽이고 만다.

그레트헨은 파우스트의 아이를 낳는데, 자신에게 닥쳐온 여러 고난 때문에 미쳐 버리고 급기야 자기 아이를 죽이고 감옥에 갇힌다. 파우스트는 메피스토의 힘으로 그레트헨을 탈옥시키려 하지만 그레트헨은 이를 거절하고 심판받기로 마음먹는다.

2부

실의에 빠진 파우스트는 요정의 도움으로 활력을 되찾는다. 메피스토가 황제를 구슬려 파우스트는 황제의 측근이 된다. 그리고 황제의 지시에 따라 『일리아드』에 등장하는 파리스와 헬레네를 소생시킨다. 파우스트는 헬레네에게 반해 버린다. 만지자마자 사라져 버린 헬레네를 찾아 파우스트는 고대 그리스로 향한다.

그곳에서 트로이전쟁의 원인이 된 헬레네가 산 제물로 바쳐질 위기에 처하지만 파우스트는 메피스토의 계략으로 헬레네를 구하는 데 성공한다. 파우스트와 헬레네는 사랑을 나누고 아들 에우포리온을 낳는다. 그러나 그 아이는 새처럼 날아 보려다 어이없이 죽어 버리고, 또 저승에서 어머니인 헬레네를 불러들여 파우스트는 다시 혼자가 되고 만다.

이윽고 삶의 참된 의미를 깨달은 파우스트는 행복감을 느끼며

"멈추어라, 그대는 아름답구나!"라고 말할 수 있을 것 같다고 생각한다. 그 순간 그는 숨을 거둔다. 메피스토가 드디어 목적이 이뤄졌다고 믿고 파우스트의 영혼을 데려가려는 찰나, 천사들이 내려와 "끊임없이 노력하는 자는 구원받을 수 있다"고 하며 파우스트의 영혼을 구원한다. 그리고 그의 영혼은 그레트헨을 다시 만나게 된다.

『파우스트』의 매력은 그 줄거리보다 악마 메피스토와 파우스트가 주고받는 대화에 있다. 그들이 주고받는 대화를 따라가다 보면 메피스토가 파우스트보다 더 옳고 양식이 있는 것처럼 보이는 가치 전도가 꼬리에 꼬리를 물고 일어난다.

『파우스트』는 15~16세기에 살았던 독일 태생의 마술사 파우스트 박사의 전설을 모티브로 해서 만들어졌다. 괴테는 『파우스트』의 2부를 완성한 다음 해에 죽었다.

괴테의 『젊은 베르테르의 슬픔』은 1774년에 출판되자마자 폭발적인 인기를 누렸다.

라이프치히의 바이간트 서점에서 출판되고 얼마 지나지 않아 중판이 나왔다. 저작자의 이름은 익명이었으나 금세 괴테라는 사실이 알려졌다.

다음 해에는 프랑스어로 번역본이 출판되었고, 79년에는 영어로, 81년에는 이탈리아어로, 88년에는 러시아어로 번역되었으며, 그 영향력이 전 세계로 퍼져 나갔다. 프랑스어 번역본은 나폴레옹이 애독했다고 한다.

이런 괴테를 괴롭게 한 일이 있었는데, 바로 수많은 해적판의 출판이었다.

당시에는 저작권을 지켜 줄 법률이 거의 없었다. 잘 팔리는 책이 있으면 덮어두고 제멋대로 인쇄해서 팔아 치우는 업자가 많았다.

『젊은 베르테르의 슬픔』도 예외는 아니었다. 초판이 나오고 1년 뒤에는 하일만 서점, 발트하르트 서점, 게다가 '진정판'이라는 거창한 이름까지 내건 힌부르크 서점이 출판한『저작집』(힌부르크 서점은 1777년과 79년에도 복사본을 낸다), 그리고 플라이쉬하우어 서점과 슈미더 서점을 포함하여 1787년까지 저자인 괴테의 허가를 받지 않은 해적판이 20종 넘게 나돌았다. 사태가 너무 심각해서 원본을 출판한 바이간트 서점이 10년도 넘게 이 책을 찍지 못했을 정도다.

괴테는 평생 이 '해적'들과의 싸움을 피할 수 없었다.

그러나 이 문제는 괴테만의 일이 아니었다. 해적판을 출판한 업자와 원작자와의 싸움은 18세기 후반의 저작가들에게 최대의 관심사였다.

물론 이 시대에도 원작이 정당한 창작물이란 인식은 있었다.

하지만 해적판을 출판하는 업자들은 이에 대해 '우리가 하는 일은 문화 진흥에 공헌하는 일이다' 라고 주장했다. 대체로 해적판은 시민법으로도 교회법으로도 금지되어 있지 않았다. 따라서 소송사건으로 발전하는 일은 거의 없었다.『독일 국민에게 고함』으로 잘 알려진 철학자 피히테와 계몽사상가 크니게 역시 해적판을 옹호했다.

당시 유행한 중상주의 사상에 영향을 받은 군주와 영주들은 자기가 스스로 나서서 해적판을 권장해 떼돈을 벌기도 했다.

헤센-다름슈타트 영주는 자기 영토 내에서 서적을 판매하는 자들에게 다른 지역에서 출판된 책 중 '가격이 비싼 책, 지역 주민들의 계몽과 교양에 도움이 될 책, 각 전문 분야에서 학문적으로 필요한 책'이라면 해적판을 내는 것을 허용했다. 자국에서의 출판물은 거의 없었기 때문에 그 영지 내의 서적은 거의 해적판이었다.

베를린, 프랑크푸르트, 함부르크, 슈투트가르트, 카를스루에, 튀빙겐 등 독일(신성로마제국) 주요 도시 대부분에 해적판 출판업자가 존재했다.

프랑크푸르트는 지금까지 이어져 오는 세계 최대의 국제도서전인 '프랑크푸르트 국제도서전'이 열리는 곳으로서 그 기원은 1240년으로 거슬러 올라가지만, 18세기에는 해적판 출판업자의 메카가 되기도 했다.

그러나 '뛰는 놈 위에 나는 놈 있다'고 하였던가, 오스트리아 빈에는 트랏트너라는 해적판 출판업계의 거물이 있었다.

이 인간은 프란츠 1세 황제에게서 '학문 연구에 필요한 책이라면 어떤 책이든 복제하여 출판해도 좋다'는 특권을 부여받아 황후 마리아 테레지아에게 해마다 이를 위한 조성금을 받았다. 그리고 합스부르크 황실에 납품하는 어용 서적업자와 어용 인쇄업자로서 '고귀한 기사 폰 트랏트너'라는 귀족 호칭까지 하사받았다.

저작가들과 해적판, 즉 무허가 복제와의 싸움은 오래도록 계속되었고 21세기인 지금까지도 이어지고 있다.

과거와 다른 점은 현시대의 '해적'은 인터넷을 활용하는 일반인이 많다는 것이리라.

이 '해적'들은 오늘날에도 여전히 변함없이 '우리가 하는 일은 문화 진흥에 공헌하는 일이다'라고 주장하고 있다.

『의지와 표상으로서의 세계』

의지가 없으면 세계는 존재하지 않는다

아르투르 쇼펜하우어 (1788년~1860년)
19세기 독일의 철학자. 헤겔을 철저히 비판했다. 작곡가 빌헬름
리처드 바그너에게 큰 영향을 미쳤다.

어느 날, 나는 론 노인이 운영하는 오래된 서점에서 이 책을 발견
했다. 이것이 어떤 책인지 전혀 알지 못했던 나는 별다른 생각 없
이 페이지를 넘겼다. 어떤 악마가 나를 향해 "이 책을 갖고 가"라고
속삭였는지 나는 알 수 없었다. 엘리자베스 니체『젊은 니체』

위 이야기는 라이프치히에서 학창시절을 보낸 프리드리히 니체의
추억이다. 이때 니체가 손에 든 책이 바로 쇼펜하우어의『의지와
표상으로서의 세계』였다. 니체는 이 책을 사자마자 2주에 걸쳐 기
숙사에 틀어박혀 탐독했다고 한다. 이후 쇼펜하우어는 젊은 시절
니체의 '아이돌'이 되었다.

쇼펜하우어의 대표작『의지와 표상으로서의 세계』는 난해한 책

아르투르 쇼펜하우어

으로 잘 알려져 있다. 그는 이 책을 이해하기 위해 무엇을 해야 하는지 서문에서 밝혔다.

쇼펜하우어는 먼저 이 책을 여러 번 읽기를 강조한다.

여기에 적힌 사상을 깨닫기 위해서는 이 책을 두 번 읽는 방법 이

외에 다른 방법이 없다. 아르투르 쇼펜하우어 『의지와 표상으로서의 세계』

이는 어쩌면 쇼펜하우어 자신의 경험에 비추어 본 조언일지 모른다. 아무리 난해한 책이라도 '백 번 읽으면 그 뜻이 저절로 이해된다'는 '독서백편의자현讀書百遍義自見'의 자세가 동서고금을 막론하고 독서의 정도正道다. 젊은 시절 니체도 이 책을 몇 번이고 다시 읽었음에 틀림없다.

쇼펜하우어는 이 책을 읽는 두 번째 방법으로 본인의 논문 한 편을 제시하며 이것을 먼저 읽으라고 말한다.

이 책을 읽기 전에 서론을 읽어 주었으면 한다. 다만 이 서론은 본서에 포함되어 있지 않으며 『충분근거율에 관한 네 가지 뿌리에 대하여』라는 표제로 5년 전에 출판된 논문이다. 아르투르 쇼펜하우어 『의지와 표상으로서의 세계』

라이프니츠에 따르면 충분근거율이란 '근거 없이는 아무것도 존재하지 않는다'는 원리이다. 그가 밝힌 충분근거율의 네 가지 뿌리는 다음과 같다.

1. 시간과 공간. 이는 초월적이며 존재의 뿌리가 된다.
2. 원인과 결과. 이는 방식이 되어 생성의 뿌리가 된다.
3. 논리와 판단. 이는 개념을 낳아서 인식의 뿌리가 된다.

4. 행동과 동기. 이는 법칙이 되어 행위의 뿌리가 된다.

쇼펜하우어는 이 책을 읽는 세 번째 방법으로서 칸트의 주요 저서에 대하여 이해한 뒤에 이 책을 읽을 것을 권하고 있다.

이 책은 칸트 철학을 제대로 이해했다는 걸 전제로 한다. 아르투르 쇼펜하우어 『의지와 표상으로서의 세계』

그 이유는 『의지와 표상으로서의 세계』에서 말하는 '의지'가 통상적으로 사용되는 의미와 다르게 칸트의 『순수이성비판』에서 말하는 '물자체物自体'를 가리키기 때문이다.

쇼펜하우어가 말하는 '의지'란 인간이 가진 의지의 근원이며 이성으로는 인식이 불가능하다. 또한 그가 말하는 '표상'은 칸트가 말하는 '현상'이며, 세계라는 표상은 '나'에 의해 나타나는 것에 불과하기 때문이다.

마지막으로 쇼펜하우어는 인도의 『우파니샤드』를 접하고 베다를 이해하길 권한다.

독자가 베다의 은혜까지도 입었다면, 즉 감히 말하자면 독자가 고대 인도의 신성한 지혜를 일찍이 받아들여 민감하게 흡수했다면, 그 독자는 내가 하는 이야기를 들을 준비가 아주 잘 되어있다고 할 수 있다. 아르투르 쇼펜하우어 『의지와 표상으로서의 세계』

1801년에『우파니샤드』는 불완전하게나마 번역되었고, 쇼펜하우어는 이 책을 읽는 데 열중했다. 그는 자신이 '불교 신자'라 불리는 것을 좋아했으며 반려견에게는 우파니샤드에서 말하는 '진정한 자아'라는 뜻의 '아트만'이라는 이름을 붙였다.

쇼펜하우어의『의지와 표상으로서의 세계』를 읽기 전에 이 책의 부록이라고 할 수 있는『**여록과 보족**Parerga und Paralipomena』을 먼저 읽어 두는 편이 좋다. 니체도 군대에 소집되어 괴로웠을 때『여록과 보유』를 펼쳤다고 한다.

쇼펜하우어 철학은 '염세 철학'이라 불렸고, 그의 철학을 접한 많은 젊은이가 스스로 목숨을 끊은 일도 있었다. 쇼펜하우어는 이를 두고 자신의 철학을 오해하고 있다며 부정했다.

목숨을 끊은 사람들과는 거꾸로 니체는 쇼펜하우어의 초상을 책상에 두었으며, 군대에 있을 때는 말 아래 앉아서 "쇼펜하우어여, 구원해 주소서" 하고 중얼거리곤 했다고 한다. '염세적'이라고 평가받는 쇼펜하우어의 철학이었지만 니체는 거기서 큰 용기를 얻었던 것 같다.

㉞ 『전쟁론』

전쟁도 정치다

카알 폰 클라우제비츠 (1780년~1831년)
19세기 독일(프로이센)의 군인. 황태자에게 전쟁 이론을 강론했다. 『전쟁론』은 그의 사후에 출판되었다.

전쟁은 다른 수단에 의한 정치의 연장이다. 카알 폰 클라우제비츠 『전쟁론』

『전쟁론』에서 클라우제비츠가 남긴 전쟁에 대한 통찰은 현대에도 정치학의 기본이 된다.

클라우제비츠는 시대가 변하면 전쟁이 변한다는 사실을 민감하게 느끼고 이 책을 썼다.

『전쟁론』은 나폴레옹이 치른 전쟁들과 떼려야 뗄 수 없는 관계에 있다. 클라우제비츠가 나폴레옹에게 직접 명령을 받아서 이 책을 쓴 것은 아니지만, **프로이센의 군인으로서 나폴레옹과의 전쟁에 참전한 경험**이 그가 이 책을 쓰게 만들었다.

1806년 10월 프로이센 왕국군은 나폴레옹이 이끄는 프랑스군

카알 폰 클라우제비츠

과 벌인 예나 전투에서 프랑스군에게 무참히 패배했다. 이때 프로이센의 아우구스트 황태자의 부관이었던 클라우제비츠는 황태자와 함께 프랑스군의 포로가 되었다. 패배한 프로이센 왕국군은 국경 근처까지 후퇴하면서 러시아군의 도움을 받아 다시 싸워보았지만 끝내 패배했다. 이때 나폴레옹에 의해 굴욕적인 '틸지트 조약'을 맺게 된다.

이어서 나폴레옹의 장대한 '모스크바 원정'이 시작되었다. 그 후 1812년에 클라우제비츠는 조국 프로이센을 떠나 빌뉴스(현 리투아니아)의 러시아군에 입대한다. 프로이센군이 나폴레옹의 지배를 받기 시작했기 때문이었다. 여기서 클라우제비츠는 프로이센 의용군과 러시아 주력군 사이의 연락을 담당하며 프로이센군을 나폴레옹의 영향에서 벗어나도록 하는 데 성공한다. 그러나 이는 군의 명령 계통 관점에서 보자면 반역에 해당하는 행동이기도 했다. 클라우제비츠는 러시아군 소속이라는 신분으로 프로이센을 위해 싸우게 되었다.

1813년 라이프치히 전투에서 클라우제비츠는 블뤼허 장군의 참모를 맡게 되고, 많은 공적을 인정받아 프로이센군으로 복귀한다.

워털루 전투에서는 프로이센 제3군단에서 틸만 대장의 군 참모로 참전하여 프로이센군을 재정비하는 데 힘썼다. 이는 나폴레옹의 프랑스군을 물리치는 데 큰 도움이 되었다. **워털루 전투 이후 클라우제비츠는 『전쟁론』을 쓰기 시작했다.**

이런 수많은 경험들이 뒷받침되어 『전쟁론』은 리얼리즘에 가득 찬 책이 되었다. 여기에서 말하는 '리얼'이란 나폴레옹의 선진적인 군대는 역시 강했고, 나폴레옹은 천재였으며, 한발 뒤처진 프로이센군은 군대를 재정비하는 게 급선무였다는 사실이다. 이는 나폴레옹이 펼쳤던 '정치'야말로 앞으로 다가올 시대의 진정한 '정치'이며 이것이 바로 군을 강력하게 만든다는 사실을 보여 준다.

클라우제비츠가 전쟁을 '정치의 수단'이라고 말했을 때, 여기서 말하는 '정치'란 시민사회와 국민국가가 지지하는 정치다. 봉건적이거나 전근대적인 의식이 지배하는 정치가 아니다.

클라우제비츠가 실전을 통해 습득한 전쟁의 리얼리즘은 전쟁이 정치의 연장일 뿐이고, 고집, 체면, 자존심, 복수심, 국가의 위신 등이 전쟁 발발의 원인이 되어서는 안 된다는 사실이다.

전쟁은 어디까지나 정치의 수단이므로 정치가 전쟁의 수단이 되어서는 안 된다. **정치를 뺀 전쟁은 결코 허용될 수 없다.** 따라서 『전쟁론』에서는 영웅의 눈부신 활약이나 죽음을 두려워하지 않는 군대의 초인적인 강력함 같은 허구적인 '이야기'는 모조리 빠져 있다.

'전쟁으로 무엇을 달성할 것인가. 또 전쟁에서 무엇을 달성하고자 하는가'라는 두 가지 질문에 답하지 않고 전쟁을 시작하는 자는 없

다. 그리고—만약 상대방이 현명하다면—전쟁을 시작해서는 안 된다.'

'우리가 전쟁이라는 수단을 통해 적에게 가하는 강제는 그들과 우리 양쪽의 정치적 요구가 얼마나 큰가, 또는 얼마나 작은가를 기준으로 한다.'

'전쟁은 정치적 교섭의 일부이며 독립적으로 존재하지 않는다.'

'이러한 사고방식은 그 전쟁이 완전한 의미로서의 전쟁일 경우나, 양측의 적대적 감정을 노골적으로 드러낸 격렬한 싸움일 경우에서조차 필수적이다.' 카알 폰 클라우제비츠 『전쟁론』

클라우제비츠는 그의 생전에 『전쟁론』을 발표하지 못했다. 그가 죽은 후 부인이 원고를 정리해서 출판했다.

이 책은 시간이 지나면서 몇 번이고 '시대에 뒤처진' 책이라는 비판을 받았다. 그러나 '전쟁'의 위기가 다가올 때마다 사람들은 이 책을 찾는다. 전쟁은 정치의 수단이라는 그의 도구주의가 오늘날에도 충분히 통용되는 부분이 있기 때문이다.

㉟ 『고리오 영감』

'돈'의 비정함을 고발하다

오노레 드 발자크 (1799년~1850년)

19세기를 대표하는 프랑스 작가. 하루에 커피를 몇십 잔씩 마시면서 집필하였으며 대식가다. 큰 빚을 남긴 채 복막염으로 사망한다.

2014년, 한 권의 경제서가 세계적인 베스트셀러가 되었다. 프랑스의 경제학자 토마 피케티가 쓴 『21세기 자본』이다.

이 책의 내용 전개에서 **수많은 경제 통계 수치와 함께 중요한 역할을 하는 책**이 오노레 드 발자크의 소설 『고리오 영감』이다.

소설 속 등장인물 보트랭은 '불사신trompe-la-mort'이라는 또 하나의 이름을 가진 탈옥수이다(외젠 프랑수아 비도크라는 실존했던 범죄자가 실제 모델이다. 비도크는 뒷날 경찰의 밀정이 된다). 보트랭은 소설에서 다음과 같이 말한다.

그러니 자네가 얼른 큰돈을 손에 넣고 싶다면, 이미 부자거나 아니면 부자처럼 보이기라도 해야 한다네. 부자가 되려면 이 바닥에서는 큰 것 여러 탕 해 먹어야 한다는 말이야. 안 그러면 사기를 치는 거지. 미안하지만, 만약 자네가 감당할 수 있는 백 가지 직업 중에 급속도로 성공하는 사람이 열 명 정도 있다면 대중은 그런 사람들을 도둑놈이라고 부를 걸세. 자, 자네의 결론을 이끌어 내보게나. 이게 바로 진짜 인생의 모습인 거야. 부엌보다 더 멋질 것도 없고 부엌만큼이나 고약한 냄새도 많이 나지. 음식을 훔쳐먹고 싶으면 손을 더럽혀야 하는 거야. 다만 손을 잘 씻는 법은 알아두게. 우리 시대의 도덕은 이게 전부라네. 오노레 드 발자크 『고리오 영감』

보트랭의 설교는 당시의 세태를 가차 없이 드러내고 있다. 소설의 배경은 1819년이다. 프랑스혁명이 끝나고 왕정복고가 시작된 파리에서는 아주 소수의 귀족과 부르주아만 사치스럽게 살았고, 그 밖의 사람들은 하루하루 살아가는 것조차 빠듯한 형편이었다.

주인공인 외젠 드 라스티냐크는 가난한 시골 귀족 청년으로서 출세욕 강한 법학도였다. 그는 야망을 이루기 위해 사교계에 발을 들이고, 그 과정에서 시골에서 가족이 보낸 얼마 안 되는 생활비를 모두 사교비로 써 버린다. 보트랭은 이 젊은이가 맘에 들었는지 위에서 인용한 구절처럼 냉혹한 세상에서 살아가는 방법을 그에게 가르쳐준다.

한편, 이 책의 제목이자 주요 인물인 '고리오 영감'은 라스티냐크가 사는 보케르 하숙집에 살고 있는 고리오라는 이름의 노인이다. 스파게티 면 제조업자였던 고리오는 프랑스혁명으로 혼란한 시기에 밀가루를 받는 통로를 확보해서 큰돈을 벌었다. 홀아비인 그는 두 딸을 상류사회에 시집보내기 위해 자신이 가진 모든 것을 내준다. 그의 두 딸은 고리오의 재산 덕분에 백작(귀족)과 은행가(부르주아)와 결혼할 수 있었다. 고리오의 딸들은 상류 사회에 진입하고 나

오노레 드 발자크

서도 더 높은 지위에 오르기 위해서 더 많은 돈을 써야 했다.

고리오는 딸들을 위해 돈을 퍼 준 바람에 자기는 허름한 하숙방에서 홀로 살아야만 했다. 딸들은 사치 습관을 줄이지 않았고, 이따금 고리오에게 찾아와 돈을 달라고 졸라 댔다. 끊임없이 딸들에게 돈을 대주던 고리오 영감이 드디어 빈털터리가 되고, 마침내 그는 그를 찾아온 딸들에게 "이제 더 줄 돈이 없다"고 말한다. 급기야 영감은 딸들과 심한 말다툼을 벌이다가 졸도하고 생사를 헤매게 된다.

고리오 영감을 간병한 사람은 같은 하숙집에 살던 라스티냐크와 그의 친구인 의대생 비앙숑뿐이었다. 그의 임종을 지킨 사람 역시 이 둘뿐이었다. 고리오 영감의 두 딸은 아버지의 장례식에도 얼굴을 비추지 않았다.

고리오 영감을 땅에 묻고 난 뒤, 라스티냐크가 묘지에서 파리를

내려다보며 다음과 같은 말을 내뱉으면서 소설은 끝난다.

"자, 이제 파리와 나, 우리 둘의 대결이다!" 오노레 드 발자크『고리오 영감』

피케티는 이 책에 묘사된 뚜렷한 '빈부격차'를 사례로 들며 **"문학은 때로는 경제학 연구보다 더 유효하다"**고 말했다.『21세기 자본』에는『고리오 영감』의 내용을 바탕으로 한 **'보트랭 이론－라스티냐크의 딜레마**(노동과 학업만으로는 상속받은 부와 그로부터 벌어들이는 소득으로 누릴 수 있는 안락함을 얻기 힘들다는 이론－옮긴이)'라는 항목이 나오는데, 이는 어떤 경제학 연구를 바탕으로 한 설명보다도 더 효과적으로 현실을 보여 준다.

발자크는 그가 쓴 소설에서 '빈부격차'가 얼마나 사람을 매정하게 만드는지 잘 보여 주었다. 여기에서 말하는 '매정'이란 하층민에 대한 상류층 사람의 '무관심'을 일컫는다. 눈앞에서 사람이 죽어가도 전혀 신경 쓰지 않는 그런 '무관심' 말이다.

빈부격차를 당연시하는 사회에서는 '무관심'도 당연시된다. 고리오 영감의 두 딸은 당시의 비정한 사회에서 당연한 행동을 했다고 말할 수 있다. 발자크는 이런 주제를 희극의 주제로 삼고 많은 걸작을 남겼다.

『미국의 민주주의』

민주주의란 정말로 무엇인가

알렉시스 드 토크빌 (1805년~1859년)
프랑스의 정치사상가. 미국을 관찰하여 민주주의의 본질에 대
해 이야기했다. 나폴레옹의 동생 루이 보나파르트가 일으킨 쿠
데타로 실각한다.

1830년 당시 프랑스 국왕 샤를 10세는 반왕당파의 득세에 위기감
을 느끼고 칙령을 발표한다. 출판의 자유를 불허하고, 하원을 해산
하고, 선거자격을 제한한다는 내용이었다. 이 사실이 알려지자 민
중 봉기가 일어났다. 샤를 10세는 도망쳤고 뒤이어 부르봉 왕조가
왕정에 복귀하지만 또다시 퇴위당한다. 이른바 '7월 혁명'이다.

명문 귀족 출신의 한 청년은 훗날 그의 부인이 되는 여인에게 다
음과 같은 편지를 쓴다.

파리의 피가, 저 경종 소리가 끊임없이 나를 쫓아오고 있습니다.
브루봉 왕가는 내내 겁쟁이처럼 굴었습니다.

그들은 이 싸움을 위해 시민들이 흘린 피 한 방울만큼도 가치가

없습니다. 앙드레 자르댕 『토크빌전』

이 편지를 쓴 청년 알렉시스 드 토크빌은 7월 혁명 이듬해 미국으로 건너가 그곳에서 얻은 견문을 바탕으로 『미국의 민주주의』를 썼다.

토크빌이 미국을 관찰하기로 마음먹은 이유는 프랑스의 앞날에 도움이 되고자 했기 때문이었다. 당시 미국은 이미 수십 년 전 독립을 이뤄 낸 상태였다. 토크빌은 이 거대한 국가가 어떻게 '민주주의 democracy'를 유지하고 있는지 조사해 볼 필요가 있다고 생각했다.

그때까지 공화제는 작은 나라에만 적용 가능한 정치 체제이고, 규모가 큰 국가에서는 군주제가 아니면 국가를 유지하기 힘들다는 게 프랑스의 상식이었다. 몽테스키외가 『법의 정신』에서 이렇게 주장했고, 루소 역시 『사회계약론』에서 이를 인정한 바 있다.

알렉시스 드 토크빌

'민주주의'란 무엇인가? 어떻게 존재하고 어떻게 기능하는가. 토크빌은 미국에서 이를 자세히 관찰했다. 그는 책의 서문에 "우리는 미국에서 미국 이상의 것을 보았다"고 적었다.

『미국의 민주주의』는 성장기의 민주주의를 서술하면서 성숙기의 민주주의 국가에 일어날 만한 문제점들을 전망했다.

먼저 그는 민주주의의 기본 원리가 되는 **'다수결'의 문제점**에 대해 살펴보았다.

'다수의 지배가 절대적이라는 원리야말로 민주정치의 본질이다.' '나는 정치에 관하여 인민의 다수가 무엇이든 마음대로 할 수 있는 권리를 갖는다는 공리가 신을 모독하는 행위이며, 크게 반감을 가져 마땅한 일이라 본다.' 알렉시스 드 토크빌 『미국의 민주주의』

민주정치에서 다수파라는 '폭군'은 자신과 다른 것을 없애 버리거나 배제하지 않고 다음과 같이 말한다. "당신이 내 생각에 동의하지 않는 건 당신의 자유다. 당신의 생명과 재산은 모두 당신 것이다. 그러나 지금부터 당신은 우리에게 완벽한 타인이다." 이렇게 소수파를 소외시키고 온갖 권리를 제한하고 나서 "평화롭게 살기를. 난 당신이 당신 삶을 살아가도록 내버려 두겠어. 하지만 나는 당신의 삶을 죽음보다 더 나쁜 상태로 만들어 놓겠어"라고 말한다. 토크빌은 다음과 같은 결론을 내린다.

미국만큼 정신의 독립과 진정한 언론의 자유가 적은 나라는 찾아
볼 수 없다. 알렉시스 드 토크빌 『미국의 민주주의』

토크빌은 그다음 단계까지도 내다보았다. 그에 따르면 사람들은
스스로 자유롭고 독립적으로 사고한다고 생각하면서도 '다수파'에
복종한다. 이때 '다수파'의 지배 구도는 잘 드러나지 않는다. 토크
빌은 이를 **'개인주의'의 문제**라고 말한다.

'개인주의는 반성적이고 평화적인 감정이다. 이는 개인인 시민이
같은 부류의 대중 안에 스스로를 고립시키고, 가족과 친구와 함께
대중으로부터 떨어진 곳에 조용히 틀어박히는 것이다. 이리하여
개인인 시민은 자신이 사는 작은 사회를 만들어 낸 다음 자진해서
큰 사회는 '그들'에게 맡기고 방임한다.'
　'미국인은 평등에서 생겨난 개인주의에 대항하여 자유에 따른
투쟁으로 개인주의를 극복한다.' 알렉시스 드 토크빌 『미국의 민주주의』

『미국의 민주주의』는 프랑스어로 쓰였지만, 오늘날 미국에서 정치
인이 가장 자주 인용하는 책이다. 제2차 세계대전 이후 역대 미국
대통령들은 민주당 공화당 관계없이 누구든 연설에 토크빌 저서의
한 구절을 넣는다.
　민주주의란 무엇인가? 이 질문에 대해 토크빌의 책 『미국의 민
주주의』를 빼놓고는 대답할 수 없다.

『죽음에 이르는 병』

절망은 죽음보다 무섭다

쇠렌 오뷔에 키에르케고르 (1813년~1855년)
19세기 덴마크의 철학자. 아름다운 약혼녀가 있었으나 그의 사상 때문에 파혼했다고 전해진다.

어느 날 아버지는 자식의 얼굴을 바라보며 이렇게 말했다.

"가엾은 아이야, 너는 곧 조용한 절망에 빠지겠구나."

아이는 매우 못난 얼굴을 하고 있었으며 칼슘 결핍증을 앓고 있었다.

이 아이는 자라서 자신뿐 아니라 거의 모든 인간이 절망이라는 이름의 '죽음에 이르는 병'에 걸렸다는 것을 밝혀낸다. 이 아이가 바로 키에르케고르다.

키에르케고르의 대표작인 『죽음에 이르는 병』의 지향점은 '**어떻게 해야 참된 그리스도인이 될 수 있을까?**'였다.

그렇다면 기독교와 상관없는 사람에게는 이 책이 무용지물일

쇠렌 오뷔에 키에르케고르

까? 스스로 무신론자라고 말하는 데 주저함이 없는 사람들이 많은 이 시대에 『죽음에 이르는 병』은 읽을 만한 가치가 없는 책일까?

『죽음에 이르는 병』의 1장 제목은 '**죽음에 이르는 병이란 절망을 말하는 것이다**', 2장의 제목은 '**절망은 죄다**'이다. 이 책의 제목은 1장의 제목에서 따왔다.

『죽음에 이르는 병』에서 키에로케고르는 '죽음', '병', '죄', '절망'이라는 단어 모두를 일반적으로 사용하는 의미와는 다른 뜻으로 사용했다.

'이런 의미에서 보면 절망은 죽음에 이르는 병이라고는 할 수 없다. (……) 죽음은 그 자체가 삶의 이해 과정이다.'

'다시 말해 글자 그대로의 뜻으로 보면, 이 병 때문에 죽는다든지, 이 병이 육체적인 죽음으로 끝난다든지 하는 것은 도저히 있을 수 없는 일이다.'

'죽음에 이르도록 앓고 있는 이유는 죽을 수 없다는 사실 때문이고, 그렇다고 해서 살 수 있는 희망이 있는 것도 아니다.'

'아니 오히려, 죽음이라는 최후의 희망까지도 남아 있지 않을 정도로 희망을 잃어버렸다는 걸 의미한다. 죽음의 위험이 최대치일 때 사람은 살기를 간곡히 바라는 법이다. 그러나 또한 그보다 무서운 위험을 알게 되면 사람은 죽음을 바라게 된다. 그리하여 죽음을 희망으로 생각하게 될 정도로 위험이 클 때, 그때의 절망이야말로 바로 죽을 수조차도 없는, 아무런 희망이 없는 절망인 것이다. 이 마지막 의미의 절망이 죽음에 이르는 병이다. 자기 자신이 만든 이 병은 영원히 죽는, 죽으면서도 죽지 않는, 죽음의 고뇌에 찬 모순이다.'

'그런 까닭에 무슨 일에 대해 절망한다는 것은 아직 본래의 절망은 아니다. 그것은 시작에 불과하다. 마치 의사가 병에 대해 아직 아무런 증상이 나타나지 않았다고 말하는 상태와 같다.'

'다시 말해 자기는 절망하고 있다고 말하는 사람들이 어떤 의미에서는 반드시 절망하고 있지는 않다는 점에 주목해야 한다.'

'그러나 인간이 정신으로 규정되어 있는 것을 자각하고 있지 않다는 것, 이것이야말로 진짜 절망이다.'

'죄는 신이 내린 계시에 따라 죄가 무엇인지 밝혀지고 나서 신 앞에서 절망하여 자기 자신이고자 하지 않는 일, 또는 자기 자신이고자 하는 일이다.' 쇠렌 오뷔에 키에르케고르 『죽음에 이르는 병』

키에르케고르는 이처럼 존재하는 인간의 대부분이 절망이라는 '죽음에 이르는 병'을 앓고 있다는 사실을 밝혀낸다.

'진정한 그리스도인'이 아니라면 '절망'으로부터 도망칠 수 없다. 이는 키에르케고르 자신뿐만 아니라 교회에서 높은 지위를 가진 사람들 또한 마찬가지라는 사실을 드러낸다. 절망이라는 '죽음에 이르는 병'으로부터 도망치는 것이 '진정한 그리스도인'이 되기 위한 방책이라면, 거꾸로 말하면 절망으로부터 도망친 사람이야말로 '진정한 그리스도인'이라고 해석할 수 있다.

여기서 문제는 '진정한 그리스도인'이냐 아니냐 하는 사실보다 **스스로가 절망이라는 '죽음에 이르는 병'에 직면한 사실을 자각하고 있는가 아닌가**이다.

키에르케고르는 "기독교 사회 외부에서 절망해 본 적 없는 사람은 찾아볼 수 없었고 또 실재로도 존재하지 않는다"고 말했는데 이는 기독교 사회 내부에서도 거의 비슷한 상황이다.

키에르케고르는 인간의 진실을 보고자 했다. 이는 당시의 기독교를 철저하게 비판하는 일이기도 했다. 이 책에서 말하는 절망이라는 '죽음에 이르는 병'에 대한 깨달음은 크리스마스 말고는 기독교와 별 상관없는 사람에게 오히려 중요한 의미가 있다고 말할 수 있다.

키에르케고르가 **교회를 비판한 일에 대해 스스로 용서를 구하지 않은 점**이 많은 교회 관계자의 분노를 샀다. 이 때문에 키에르케고르가 사망한 뒤 그의 묘비는 이름도 새겨지지 않은 채 20년쯤 방치되었다.

㊳ 『월든』

부자유한 자연이 가져다주는 풍요로움

헨리 데이비드 소로 (1817년~1862년)
19세기 미국의 작가이자 사상가. 자연과 더불어 사는 삶이 옳다
고 주장했다. 환경보호 운동의 선구자.

사람은 언제 자연으로 돌아가고 싶어 할까? 바로 자기 스스로의
'자유'에 대해 깨달았을 때다.

세속에서 '자유'는 남과 싸워 이겨서 빼앗을 수 있다. 인간 사회가
'자유'를 위한 싸움의 연속이라는 것을 알아차리면 사람은 자연으
로 돌아간다. 왜냐면 자연은 본래 자유와는 거리가 먼 '부자유不自由'
한 것이기 때문이다. 사람은 자연에서 멀어지면 멀어질수록 자연으
로부터 무언가를 빼앗으면 빼앗을수록 '자유'로워진다.

소로는 자연이 얼마나 '자유롭지 않은가'를 상세히 기록하여 이
러한 '부자유' 속의 '풍요로움'을 발견했다.

1845년 봄, 28세 청년 소로는 도끼 하나를 들고 월든 호숫가의
숲속으로 들어갔다. 그는 3개월 동안 작은 통나무집 한 채를 지었

헨리 데이비드 소로

다. 그리고 같은 해 7월 4일부터 그 집에서 살기 시작했다. 이날은 미국의 70번째 독립 기념일이었다.

만약 문명인이 추구하는 바가 미개인이 추구하는 것보다 못하고, 문명인이 고작 하찮은 생필품과 안락을 얻기 위해 생의 대부분을 보낸다면 어째서 그가 미개인보다 더 좋은 주택을 가져야 한단 말인가? 헨리 데이비드 소로『월든』

소로는 그 오두막에서 2년 2개월 동안 자연을 따르는 생활을 했다.

스스로 밭을 일구고 자연을 관찰하고 명상하고 사색했다. 그리고 글을 썼다.

동양철학에 조예가 깊었던 소로는 그 글에서 『우파니샤드』, 『바가바드기타』(『베다』, 『우파니샤드』와 함께 힌두교 3대 경전의 하나로 꼽히는 철학서−옮긴이)』, 『샤쿤탈라(고대 인도의 시인 칼리다사의 희곡−옮긴이)』를 인용하고 공자의 글도 따온다.

소로의 자연생활이 마냥 순탄했던 것은 아니었다. 사회는 속세를 떠난 사람의 존재를 그리 쉽사리 인정해 주지 않았다.

1846년 7월 23일(24일이라는 설도 있다) 오두막 생활을 시작한 지 1년 정도 지났을 무렵, 소로는 갑작스레 체포된다. 수선을 맡겼던 구두를 찾으러 콩코드에 갔을 때 '인두세 미납'을 죄목으로 경관이자 징세원이었던 사무엘 스테이플스에게 체포된 것이다.

'인두세'란 부자이든 가난한 사람이든 상관없이 평등하게 같은 금액의 세금을 내는 제도다. 소로는 전부터 노예제에 반대하고 있었다. 그는 인두세를 납부하는 일을 노예제를 인정하는 일이라고 여기고 1840년 이래 납세를 거부했다.

당시 인두세는 가난한 사람에게는 냉혹한 세금 제도였다. 흑인들 대부분은 인두세를 제대로 내지 못했다. 미국 정부는 세금 미납자에게는 투표권을 박탈하도록 법으로 규정했다. 인두세는 흑인들을 정치에서 배제하는 역할을 하는 세금 제도였다.

미합중국 수정헌법 제14조는 미국에서 태어난 사람을 모두 평등한 미국 시민으로 인정하고 있었지만, 이를 교묘히 빗겨나가서 차별을 정당화하는 여러 법률이 만들어졌다. 이런 차별법들을 '짐 크로우 법'이라 부른다.

소로는 경찰에게 "국가가 정의로울 때 가난하고 천한 것은 부끄 러운 일이나, 국가에 법도가 없을 때는 부유하고 귀한 것이 부끄러 운 일邦有道貧且賤焉恥也 邦無道富且貴焉恥也"이라는 『논어』 제8편 태백편 13에 나오는 말을 인용하면서 반발했고 매사추세츠주에 충성하기 를 거부했다.

이 일로 인해 소로는 미들섹스 카운티 형무소에 수감된다. 그의 친 구이자 정신적 멘토였던 철학자 랄프 왈도 에머슨은 소로가 체포 되었다는 소식을 듣고 형무소로 면회를 갔다.

"자네 왜 이런 곳에 있는가?"라고 에머슨이 충격받은 목소리로 말하자 소로는 "선생님이야말로 어째서 감옥 밖에 계십니까?" 하 고 반문했다고 한다.

이 투옥 소동은 소로의 가족이 세금을 대신 내주는 것으로 마무 리되고, 며칠 후 그는 석방되었다.

소로는 자연에서 생활하며 남긴 기록들을 모아 『월든』이라는 책을 펴냈다. 이 책에는 그가 자연생활을 하며 배운 것, 그의 생활과 생 각이 빠짐없이 기록되어 있다. 그의 자연주의적 사고방식은 지금 도 많은 미국인의 정신에 깊이 뿌리내리고 있다.

한편, 그가 형무소에 갇히는 원인이 되었던 인두세는 1964년 미 합중국 수정헌법 24조에 따라 금지되었다.

『**자유론**』

개성이라는 근대적 가치의 발견

존 스튜어트 밀 (1806년~1873년)
산업혁명시대 영국을 대표하는 정치철학자, 자유주의자이자 공
리주의자. 하원의원이 되어 여성참정권을 주창했다.

"내가 어떻게 하든 그건 내 자유잖아" 하고 말하는 사람이 있다면, 그 사람은 진정으로 자유로운 사람이 아니다. 그렇게 얻은 자유는 자기 이외의 사람들을 자유롭지 못하게 만들면서 얻은 자유이기 때문이다.

어떻게 하면 인간이 진정으로 자유로워질 수 있을까? 이 물음은 자유를 내세우는 사회일수록 자주, 그리고 끊임없이 물어봐야 하는 문제다.

18세기 후반부터 19세기에 걸쳐 영국에서 산업이 대규모로 공업화됨에 따라 '산업혁명'이라는 큰 변혁이 일어났다. 이 와중에 등장한 부르주아 시민계급은 정치적 자유를 요구했다. 이 요구는 1832년 선거법 개정으로 일부 이루어졌다. 부르주아는 여기서 더

존 스튜어트 밀과 부인 헤리엇 테일러

나아가 무역의 자유를 원했다. 그리고 1846년에 이 요구 또한 받아들여졌다.

이렇게 누구나 마구잡이로 '자유'를 원하는 시대 한가운데서 존 스튜어트 밀의『자유론』이 출판되었다.

밀은 처음에는 **제러미 벤담의 '공리주의'에 완전히 매료됐다.** 벤담은 모든 사람이 이기심에 따라 움직인다고 보았다. 그에 따르면 각자가 이기심에 따라 이익을 추구하는 것이 '자유'다. 그러나 사람들의 이기심은 항상 맞부딪치기 때문에 각각의 이익을 해치고 사회 공동체의 형성을 방해한다. 이 이익의 충돌을 중재하기 위해 국가나 법률이 존재한다. 국가나 법률도 개인의 자유를 해치지만 이는 필요악이다. 국가가 존재하므로 '최대 다수의 최대 행복'을 이룰 수 있다.

밀은 벤담에게서 많은 것을 배웠고 자유에 대한 생각도 벤담과 꽤 비슷했다. 그러나 밀과 벤담은 결정적인 부분이 달랐다. '행복이란 무엇인가'에 대한 답 말이다.

벤담은 행복이란 쾌락이며 욕망을 이루는 일이라 생각했다.

이와는 달리 밀은 **행복이란 개개인의 능력이 사회 속에서 발휘됨으로써 사회 발전을 이루는 데 있다**고 믿었다. 밀의 이런 생각은 『자유론』 제3장 '행복의 여러 요소 중 하나인 개성에 관하여'에서 잘 나타난다.

인간이 고귀하고 아름다운 관조의 대상이 되는 이유는 인간이 자기 속에 있는 개성을 모두 없애 버리고 획일화되었기 때문이 아니다. 다른 사람의 권리와 이익을 침해하지 않는 테두리 안에서 자신의 개성적인 요소들을 개발하고 드러내기 때문이다. 존 스튜어트 밀 『자유론』

이러한 밀의 행복론은 『자유론』의 뿌리가 되었고, 그가 말한 '자유'를 풍요롭게 만들었다. 밀이 공리주의를 바탕으로 삼았음에도 이토록 풍요로운 행복을 논할 수 있었던 이유는 무엇이었을까? 바로 『자유론』에 또 한 사람의 저자가 있었기 때문이다. 그 저자는 바로 밀의 아내였다. 이 점은『자유론』머리말의 헌사에도 언급되어 있을 뿐 아니라, 밀이 사망한 이후 출판된 그의 자서전에도 자세히 기록되어 있다.

『자유론』은 내 이름으로 나온 책 중에서 우리 두 사람이 가장 직접적으로 협력한, 말 그대로 우리 두 사람의 공동 작품이다. 우리는 짧은 문장 하나까지 몇 번이고 다시 읽어 여러 각도로 검토했으며 사상이나 표현에서 오류를 발견하면 주의를 기울여 걸러 냈다.'

'사상에 관해서는 특별히 어느 부분이 아내의 사상이었는지 가려내기 어렵다. 이 책에 바탕이 된 사고방식 모두가 아내의 생각을 나타내지만, 나 또한 이에 완전히 빠져 있었기 때문에 우리 두 사람 다 자연스럽게 같은 생각을 품고 있었다. 그렇다 하더라도 나의 사상이 깊이 뿌리를 내린 것은 역시 아내 덕이다.' 존 스튜어트 밀『존 스튜어트 밀 자서전』

밀의『자유론』은 그의 아내가 세상을 뜬 다음 해에 출판되었다.

훗날 1872년, 일본에서 나카무라 마사나오라는 유학자가 밀의 저서를『자유의 이치』라는 제목으로 번역했다. 이때는 밀이 아직 살아 있었을 때다. 동시대에 살던 사람으로서 '자유'라는 새로운 개념에 대해 배우려는 의지가 보인다. 당시 일본에서는 아직 '사회'라는 번역어가 정착되지 않았으므로 이 번역서는 '사회'를 '사람들 무리' 같은 단어로 번역했다.

㊵ 『종의 기원』

이 책에 약육강식이란 말은 없다

찰스 로버트 다윈 (1809년~1882년)
'진화론'을 연구한 생물학자이자 지질학자. 『비글호 항해기』의
칠레 지진에 대한 상세한 기록은 2010년에 일어난 칠레 지진을
예측하는 데 도움이 되었다.

많이들 오해하곤 하지만, 다윈은 『종의 기원』에서 "인류는 원숭이
에서 진화했다"고 말하지 않았다. 다윈을 비판하는 사람들이 "분
명 다윈은 인간이 원숭이에서 진화했다고 말하고 싶은 거겠지"라
고 요란하게 떠들어댔기 때문에 많은 사람이 아마 그럴 거라고 믿
게 됐을 뿐이다. 『종의 기원』 본문에는 인류에 관해 "머지않아 빛이
비춰지리라"라는 말만 적혀 있다. 다윈도 사실 그의 비판자들이 말
한 대로 인류가 원숭이에서 진화했다고 믿은 것으로 보이지만, 그
가 직접 이렇게 말하기도 전에 세상이 먼저 이를 논쟁거리로 만들
었다.

『종의 기원』이 나온 이듬해인 1860년 생물학자이자 진화론자인
토머스 헉슬리는 창조론자 윌버포스 주교와 설전을 벌였다. 논쟁

찰스 로버트 다윈

에 결판을 짓기 위해 공개적인 장소에서 열린 토론이었다.

주교는 헉슬리에게 "그래서 그 원숭이는 당신의 할아버지 쪽 조상입니까, 아니면 할머니 쪽 조상입니까?"라고 비꼬아 말했다. 헉슬리는 이에 대해 "흉측한 유인원을 할아버지로 둘 것인지, 아니면 고상한 인격과 지대한 영향력을 가지고도 그런 능력을 엄숙한 과학적 토론의 장에서 조롱이나 일삼는 데 쓰는 사람을 할아버지로 둘 것인지 묻는다면 나는 주저 없이 유인원을 택하겠소"라며 반발했다. 그리고 그는 1863년 진화론과 상관없이 인류는 해부학적으로 유인원의 일종이라는 내용을 담은 『자연계에서 인간의 위치』라는 책을 발표한다.

그 무렵 다윈은 병 치료를 위해 요양 시설에 있었다. 비글호에서의 무리한 항해로 탈이 났는지 약간의 자율신경 실조증 증세를 보였으며, 이 병으로 오랫동안 고통받았다. 그가 저술한 『종의 기원 (원제는 『자연도태에 따른 종의 기원, 또는 생존 경쟁에서 유리한 종족 보존에 대하여』)』은 1859년 11월에 세상에 나왔는데 그는 이 책을 이 요양 시설에서 받아 보았다.

『종의 기원』은 빈틈없이 정교하고 자세한 내용으로 구성되어 있고, 진화론에 대한 원리는 알기 쉽게 설명되어 있다. 진화론의 골자는 다음과 같다.

보통 같은 종 안에서도 여러 변이가 나타난다. **환경 변화에 따라 변이가 이루어지고 자연의 도태와 생존경쟁 과정을 거쳐 변이가 선별된다**. 이 변이가 유전되면 새로운 종이 형성된다. 이 과정을 거슬러 올라가면 한 생물의 종에 다다른다. 모든 생물은 이 종에서부터 갈라져 나와 다양하게 퍼져 나갔다.

다윈은 이를 인간이 행하는 품종개량과 비교하면서 많은 예를 들어서 천천히 신중하게 증명해 보였다. 그는 생존 경쟁에 관해서는 **맬서스의『인구론』에서 영감을 받았다**고 자서전에 썼다.

진화에 대한 다윈의 생각은 약한 자가 강한 자에게 먹힌다는 뜻의 '약육강식'과 같은 개념으로 오해받기도 한다. 그러나 진화론은 어디까지나 환경 변화에 더 잘 적응한 쪽이 적응하지 못한 쪽보다 우수하다는 이론이다. 예를 들어 강력한 힘을 가진 공룡이라 하더라도 바뀐 환경에 적응하지 못하면 멸종하고 만다.

그러나 다윈이 숨을 거둔 뒤, 진화론은 '사회 다윈주의'라 불리며 인종차별을 '과학적으로' 긍정하는 사상에 이용되기도 했다. 2014년 조사에 따르면 오늘날 미국에서는 유권자의 3분의 1이 진화론에 부정적이며, 많은 학교에서 진화론을 가르치지 않는다. 이러한 현상은 보수적 기독교의 원리주의와 연관 지어 설명되기도 하지만, 사회 경험이 없는 아이들이 진화론을 접하고서 인종차별을 긍정하는 생각을 가질지도 모른다고 염려하는 측면도 있다.

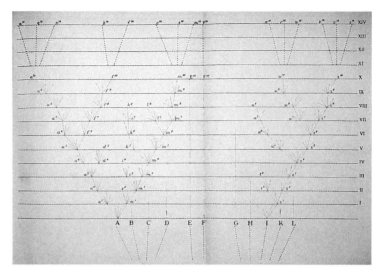

「종의 기원」에 있는 유일한 그림
다윈은 이 생명의 나무(TOL)를 진화론의 모델로 삼았다.

   다윈이 평생에 걸쳐 연구한 생물은 지렁이다. 진화론에 중대한 영향을 미친 갈라파고스 항해 후에 처음으로 발표한 학술 논문이 바로 지렁이에 관한 논문이었다. 그가 사망하기 전해에 마지막으로 출판한 책 역시 『지렁이의 활동과 분변토 형성』이었다.

   『종의 기원』을 제대로 읽은 사람이라면, 그 내용을 차별적 사상과 연결 짓는 것이 어불성설임을 알 수 있다. 다윈은 "어떤 동물이 다른 동물보다 우수하다고 말하는 것은 불합리하다"라고 말했다. 그는 '**진화는 진보와는 다르며, 진화는 목적을 가지지 않는다**'고 생각했다.

(41) 『전쟁과 평화』

전쟁과 평화 사이에 놓인 인간 군상

레프 톨스토이 (1828년~1910년)
러시아를 대표하는 문호. 비폭력을 주창하였으며, 이는 인도 마
하트마 간디의 비폭력 사상에 영향을 주었다.

소설 『전쟁과 평화』는 1805년에 일어난 오스테를리츠 전투와
1812년 나폴레옹의 러시아 원정을 주된 배경으로 하고 있다. 이
책은 전쟁뿐 아니라 당시 러시아 귀족들의 생활과 타락한 모습도
여과 없이 묘사했다.

예를 들어 이 책의 첫머리는 **러시아어가 아닌 프랑스어로 시작
한다**. 당시 러시아 귀족들은 선진국 언어인 프랑스어를 자녀들에
게 가르치는 데 열중했고, 러시아에 사는 러시아인임에도 러시아
어가 서툴렀다.

주인공의 이름도 본래 표도르라고 읽어야 하지만 '피에르'라는
프랑스식 이름을 따랐다. 당시 러시아에서는 프랑스식 이름을 짓
는 일이 유행이었다.

이 책의 등장인물은 559명에 달한다. 그중에서 주요한 역할을 하는 인물이 피에르 베즈호프 백작과 안드레이 볼콘스키 공작, 그리고 마지막으로 피에르와 결혼하게 되는 나타샤 로스토프다. 이 중에서 피에르 베즈호프가 톨스토이의 분신이다.

이 책은 모두 네 권으로 구성되어 있다. 줄거리는 다음과 같다.

제1권은 피에르의 유산상속을 둘러싼 다툼으로 시작된다. 곧이어 전쟁이 일어나고, 오스테를리츠 전투에서 안드레이가 부상을 입고 포로가 된다.

제2권에서는 피에르가 자신의 부인 엘렌의 부정을 알게 되어 불륜 상대방과 결투를 벌인다. 여기서 귀족의 어리석고 방탕한 모습이 묘사된다. 당시엔 실제로 귀족 자제들 사이에서 말도 안 되는 일에 수입의 몇 배나 되는 큰돈을 걸고 내기하는 노름이 유행했다. 귀족들은 살림살이가 넉넉하지 않아도 낭비를 멈추지 않았다. 소설 속에는 이런 엉망진창인 생활이 여과 없이 담겨 있다. 피에르는 자기만이라도 이 습관을 바로잡고 싶다고 생각하지만 한계를 느끼고 자신의 무력함을 깨닫는다.

피에르는 결투 사건 뒤 결혼 생활에 염증을 느끼고 프리메이슨에 가입한다. 프리메이슨은 보통 음지에서 세계를 움직이는 비밀 결사처럼 그려지곤 하지만, 이 책에서는 그저 사상과 신앙을 함께하는 집단일 뿐이다. 톨스토이는 이 소설 속에서 프리메이슨 사상

모스크바에서 퇴각하는 나폴레옹

의 한계를 뚜렷하게 그려 냈다.

전장에서 돌아온 안드레이는 아내를 여의고 나타샤와 결혼하기로 한다. 그러나 피에르와 별거 중이던 피에르의 아내 엘렌의 부추김에 넘어가서 나타샤와 헤어진다.

제3권에서는 나폴레옹 군이 러시아를 침공한다. 차이코프스키의 곡 〈1812년 서곡〉에 나오는 그 '1812년'의 일이다. 안드레이는 이 전쟁에 나가려고 다시 전쟁터로 간다. 피에르 역시 의용군 신분으로 참전한다. 나폴레옹은 결국 모스크바를 포기하지만, 모스크바는 나폴레옹 군에 약탈당한다. 피에르는 나폴레옹 군의 횡포를 저지하려 하다 붙잡혀 포로가 된다.

제4권에서 나폴레옹 군은 러시아에 패배한다. 엘렌은 실수로 독을 마시고 죽는다. 보로디노 전투에서 부상을 당한 안드레이는 여동생 마리아와 나타샤의 보살핌을 받다가 숨을 거둔다. 포로 생활에서 풀려난 피에르는 나타샤를 만나서 그녀와 결혼한다. 에필로그에서는 이 부부의 생활과 주요 인물들의 전쟁 후 모습이 나온다.

마지막에는 **톨스토이 자신의 역사론과 평화론**이 전개된다. 그가 자기 견해를 소설에 덧붙인 일에 대해 발표 당시부터 여러 사람들이 의문을 제기했다. 그러나 톨스토이는 이를 고집했다.

한편 주인공 피에르는 뚱뚱한 남성으로 그려지는데 '톨스토이'라는 이름은 러시아어로 '뚱보'라는 뜻이 있다.

『자본론』

자본주의는 어떻게 작동하는가

카를 마르크스 (1818년~1883년)
엥겔스의 도움으로 공산주의 사상을 세웠다. 사회과학 전반에
큰 변혁을 가져왔다.

『자본론』은 20세기의 세계에 가장 큰 영향을 미친 책 가운데 하나다. 많은 사람들이 이 책을 찬양했고, 또 다른 많은 사람들은 이 책을 강하게 부정했다. 소련의 붕괴와 함께 이제 아무도 이 책을 거들떠보지 않을 거라고 생각했지만, 경제공황이 일어나자 사람들은 여지없이 다시 이 책을 찾았다. 리먼 브라더스 사태 직후의 독일에서는 『자본론』이 베스트셀러가 되기도 했다.

대개 『자본론』이 자본주의를 부정하고 공산주의를 찬양하는 이념으로 가득한 책이라고 착각한다. 그러나 사실 이 책은 '자본주의'가 만들어진 과정에 대한 분석을 담고 있다. '경제학 비판'이라는 부제를 붙인 데서 알 수 있듯 마르크스는 새로운 경제학을 만들기 위해서가 아니라, 경제학에 의존하지 않은 또 다른 사회과학을 만

들려고 이 책을 썼다.

『자본론』은 모두 세 권으로 구성되어 있다. 이 중 마르크스가 직접 끝맺은 책은 1권『**자본의 생산과정**』뿐이다. 2권『**자본의 유통과정**』과 3권『**자본제적 생산의 전 과정**』은 마르크스가 남긴 막대한 양의 원고를 그가 사망한 후 엥겔스가 편집해서 출간했다.

마르크스가 사망하기 전에『자본론』1권은 프랑스어판으로도 출판되었다. 마르크스는 프랑스어 번역 작업을 하며 독일어판과 다른 서술 방식을 채택했고, 부분적으로 새로운 논리 전개를 담기도 했다. 그는 프랑스어판에 대해 "원본과 다른 별개의 과학적 가치가 있다"고 말한 바 있다. 마르크스는『자본론』을 완성할 때까지 자신의 생명이 버티지 못하리라는 걸 알고, 1권에 2, 3권에서 풀어내려 했던 연구 결과를 미리 써 두었다.

『자본론』2, 3권을 편집 출간한 엥겔스마저 세상을 뜬 후『자본론』의 남은 원고를 카우츠키가 정리하여『잉여가치학설사』라는 제목으로 출판했다. 이 책의 내용이 자본론의 제4권에 해당한다고 볼 수 있다.

『자본론』은 난해하긴 하지만 이론이 치밀하기 때문에 조금만 여유를 갖고 따라가면 그 내용을 충분히 쫓아갈 수 있다. 오늘날의 경제학 이론서처럼 미적분이나 복잡한 그래프가 줄줄이 나오지 않는다. 사칙연산만 안다면 충분히 이해할 수 있다.

여기서는『자본론』의 핵심 개념 중 **가치형태론**을 짚고 넘어가고자 한다. 마르크스 이전의 고전경제학에서는 가치의 양은 분석하였으나 가치의 형태라는 개념은 생각해 내지 못했다. 마르크스는

베를린에 자리한 마르크스와 엥겔스의 동상

가치의 형태를 글로 풀어내기 위해 고민을 무척 많이 했다. 왜냐면 사람들에게 그들이 이미 눈으로 보고 있으면서도 무시해 버렸던 것을 다시금 중요하다고 깨우쳐 주어야 했기 때문이다. '가치형태' 는 마르크스와 동시대에 살았던 사람들이 어렵게 여겼던 개념인데 21세기를 살아가는 우리에게는 오히려 알기 쉬운 개념이다.

본래 상품은 인간의 노동에 의해 물질이 변화되어 만들어진 것 임에도 노동과 아무 상관이 없는 것처럼 보이는 '물物'로서 우리 앞 에 나타난다. 마르크스는 이것을 '**물신숭배**'라고 불렀다. 현대사회 에서 이따금 상품에 대한 물신숭배가 깨지는 사건이 가끔 발생한다. 예를 들어 식품에 이물질이 섞여 들어간 사건 등을 들 수 있다. 이러한 사건을 겪게 되면 물物에 가려져 있던 노동에 의해 물질이 만들어지는 과정을 생각하게 된다.

상품이 소비되는 과정에서 상품은 화폐(돈)로 교환되고, 그 화폐가 다른 상품으로 교환되는 과정이 반복된다. 그런데 상품이 화폐가 되는 과정에는 항상 어려움이 따른다. 물건을 팔아 돈을 버는 일은 어느 나라 어느 시대건 간단한 일이 아니다. 마르크스는 상품으로 화폐를 얻는 과정을 '**목숨을 건 도약**'이라고 불렀다.

하지만 이와는 반대로 화폐를 주고 상품을 살 때는 그런 목숨을 건 각오가 필요 없다. 이런 비대칭성 때문에 화폐는 여러 상품 위에 군림하는 왕으로 변모한다.

왕이 된 화폐는 화폐의 수집만을 목적으로 한 상업 행위를 낳고, 이렇게 모인 화폐는 '자본'으로 모습을 바꾼다. 자본은 화폐와는 달리 자본이 먼저 상품으로 교환되고, 그다음에 상품이 다시 자본으로 교환된다. 화폐를 통해 교환된 상품은 그 가치가 늘어나기 어렵지만, 자본은 상품으로 교환하는 과정을 거치면 그 가치를 늘릴 수 있다. 가장 큰 효과는 노동력이라는 상품을 통해 나타난다. **자본가가 노동자에게 쓴 자본 이상으로 일을 더 시켜서 노동자가 가치를 더 생산하기 때문이다.** 이 더 생산된 가치를 '잉여가치'라고 한다.

마르크스가 자본주의를 송두리째 부정한 것은 아니다. 그는 오히려 자본주의는 역사적 통과 지점으로서 지나가야만 하는 길이며 자본주의가 아니었다면 역사는 "더욱 처참했을 것"이라고 말한다.

"기업과 사회의 이익은 다르다. 따라서 기업이 제안하는 법률은 사회를 속이고 억압하는 것이 아닌지 의심해 봐야 한다." "국가란 결국 가난한 자들로부터 부자를 보호하는 기관"이다.

가만……. 이렇게 말한 사람은 마르크스가 아니다. 마르크스도 얼마든지 이렇게 말할 수 있을 것 같긴 하다만. 사실 이 말은 자유주의 경제의 시조인 애덤 스미스가 『국부론』에서 한 말이다. 마르크스는 애덤 스미스를 비판했지만, 역설적으로 스미스의 후계자라고 말할 수 있다.

『차라투스트라는 이렇게 말했다』

신은 죽었다, 인간은 어떻게 살아야 하는가

프리드리히 니체 (1844년~1900년)
'초인', '영겁회귀'라는 개념으로 그 이전까지의 가치를 뒤바꾸고
새로운 철학을 세우고자 했다. 말년에는 정신병으로 사망한다.

『차라투스트라는 이렇게 말했다』를 읽은 스위스의 분석심리학자 칼 구스타프 융은 "이 책은 출판되어서는 안 되는 책이었다"라고 말했다. 그러나 니체 자신은 이 책을 두고 "인류에게 주는 가장 큰 선물", "독일어로 쓴 책 중에서 가장 깊이 있는 작품"이라고 자부했다. 확실히 그의 독일어 문장은 매우 아름다워서 시적 산문이라는 평가를 받는다.

'차라투스트라'는 고대 페르시아 종교인 조로아스터교의 독일식 발음이다. 조로아스터교의 사상은 오리엔탈리즘과 함께 유럽에 전해졌다. 모차르트의 「마술피리」에도 우주의 지배자인 '자라스트로'라는 인물로서 등장하며, 칸트 역시 조로아스터교에 관하여 짧은

글을 쓴 바 있다.

이 책은 주인공 차라투 스트라의 말과 행동을 기 록하는 형식으로 쓰였다. 니체의 '영원회귀' 사상을 중심으로 이야기가 펼쳐 진다. 니체가 이 책을 구 상한 것은 1881년 여름 이었다. 그는 알프스산의 실바플라나 호숫가를 거 닐다가 거대한 바위 앞을 지나게 되었는데 그때 큰

프리드리히 니체

깨달음을 얻었다고 한다. 이 깨달음이 바로 영원회귀 사상이었다. '모든 것은 끊임없이 반복된다. 그렇다면 어떻게 살아야 할 것이 가.' 이 문제가 이 작품의 시작점이었다.

이 책은 모두 4부로 구성되어 있다. 1부는 1883년에 완성됐다. 니 체는 그해 2월 라팔로에서 포르토피노로 이어지는 바닷가를 산책 하던 중에 차라투스트라 이야기를 떠올렸다. 그는 그날의 일을 이 렇게 회상한다. "차라투스트라 1부의 전체적인 짜임이, 특히 차라 투스트라라는 모델이 나의 내면에 떠올랐다. 정확히 말하면 그가 나를 덮쳤다." 니체는 이날부터 열흘 동안 단숨에 1부를 완성했다. 그 후 2부는 여름 알프스 산속에서, 3부는 겨울 니스에서 썼다.

3부까지는 출판사를 통해 책을 출간할 수 있었는데, 니체의 기대와 달리 판매는 썩 좋지 못했다. 그래서 4부는 자비를 들여 마흔 권만 출판했다.

『차라투스트라는 이렇게 말했다』의 머리말에서 차라투스트라는 10년간 산속에서 수도 생활을 끝내고 마침내 깨달음을 얻는다. 그는 태양을 향해 다음과 같이 외친다.

그대 위대한 별이여! 그대가 빛을 비추어 준다 하더라도 그것을 받아들일 존재가 없다면, 그대의 행복은 무엇이겠는가! 프리드리히 빌헬름 니체, 『차라투스트라는 이렇게 말했다』

그는 산을 내려가기로 결심한다. 차라투스트라의 이야기는 여기서부터 본격적으로 시작된다.

하산한 차라투스트라는 대중들에게 설교를 시작한다. 그 내용은 성서와는 정반대로 성직자와 학자같이 기성 가치를 옹호하는 사람을 비웃고, 새로운 우상인 국가의 거짓을 폭로하고, 여성이나 아이 같은 약자를 무턱대고 옹호하는 사상을 줄기차게 비판한다.

그는 기독교적 도덕에 깊이 빠져 참된 자신을 잊은 대중을 비난하고, 그들이 자신을 송두리째 걸고 스스로의 삶을 살아가야 함을 잊어버렸다고 개탄한다. 그리고 지금까지와 같은 인간은 극복되어야 하며 초인이 도래할 것이라고 예언한다.

인간은 짐승과 초인 사이에 놓인 밧줄이다. 프리드리히 빌헬름 니체 『차라투스트라는 이렇게 말했다』

이와 같은 '초인'을 지향하는 설교 사이사이에 차라투스트라는 '영원회귀' 사상에 다다른다.

3부 이후는 **영원회귀에 대한 해설**이 주된 내용이다. 영원회귀란 모든 것이 과거에 이미 있었던 듯 다시 나타나고, 이것이 영원히 반복된다는 이론이다. 이 사상이 세계에 대한 존재의 본질이고 이 사상을 깨달을 수 있는 사람은 초인뿐이다. 다시 말해 성서에서 말하는 종말과 그 후의 구원, 또는 불교에서 말하는 전생과 윤회 사상을 완전히 부정한다.

시간의 흐름에서 벗어나 항상 똑같은 곳으로 되돌아가는 '영원회귀'야말로 참된 자유이고, 여기에는 초인만이 다다를 수 있다.

책의 마지막 부분에서 차라투스트라는 동굴 밖으로 뛰쳐나가 다시 다음과 같이 외친다.

그대 위대한 별이여! 그대가 빛을 비추어 준다 하더라도 그것을 받아들일 존재가 없다면, 그대의 행복은 무엇이겠는가! 프리드리히 빌헬름 니체, 『차라투스트라는 이렇게 말했다』

이후 죽음의 유혹에 대한 깨달음을 얻고, 시간이 흐른 뒤 그는 다시 동굴 밖으로 나간다. 이번엔 빛과 열과 힘이 넘친 채로. 초인 차라투스트라는 영원히 각성의 시간으로 되돌아가는 존재이다.

앞에서 소개한 괴테의『젊은 베르테르의 슬픔』은 출판되자마자 폭발적인 인기를 끌었다. 넘치는 '인기'는 괴테에게 새로운 고민거리가 되었다.

이 소설을 읽은 젊은이들 사이에 일종의 유행처럼 자살을 동경하는 분위기가 퍼졌고, 그 현상은 괴테로서는 불편한 '베르테르 효과'라는 이름으로 불렸다.

라이프치히 시의회Stadtrat는 1775년 1월 30일을 기해『젊은 베르테르의 슬픔』의 판매를 중지시켰다. 위반하는 자는 벌금 10탈러를 내도록 하는 법규도 만들어졌다.

게다가 라이프치히대학 신학부는『젊은 베르테르의 슬픔』이 자살을 용인하고 있으며, 이는 기독교의 가르침을 저버리는 일이므로 허용될 수 없다고 규정하고 이 책을 읽는 것을 금지한다고 선언했다. 또한 코펜하겐 시의회도 덴마크어 번역본 출판을 막았으며, 오스트리아도 윤리적 견지에서 이 책의 출판을 금지시켰다. 밀라노에서는 주교가 나서서 이탈리아어판을 독점으로 사들여 시민이 읽을 수 없도록 했다. 함부르크 주교도 『젊은 베르테르의 슬픔』에 대해 '저주받은 책', '악마의 유혹'이라 단정했다.

그때까지 검열과 연이 없던 괴테는 이런 상황에 큰 충격을 받았지만, 그 고통은 새로운 독자를 얻으면서 극복할 수 있었다.

사람들은 아주 최근까지도 이렇게 검열받는 일을 당연하다고 생각했다. 교회나 대학 등으로부터의 비판뿐만 아니라 엄연한 공직으로서 '검열관'이 존재했으며, 저작물을 사전에 체크하는 일을 '공무'로 여겼다.

지금은 저명한 고전으로 여겨지는 저서들도 처음 출판되었을 때는 검열에 걸린 책들이 많았다. 볼테르나 루소의 저작물 중에는 검열에 걸리지 않은 책의 수가 더 적을 정도였다. 그중에서도 역사적으로 엄격한 검열제도를 두었던 곳은 빈 체제하에 있던 오스트리아였다.

나폴레옹을 유럽에서 몰아낸 반동으로 오스트리아의 황제 프란츠 1세는 기를 쓰고 자기 나라 안의 사상을 통제하려 했다. 그는 엄격한 검열제도를 만들면서 한편으로는 해적판을 장려했다.

'오스트리아의 셰익스피어'라는 찬사를 받은 그릴파르처는 「캄포 바치노」라는 시 한 편 때문에 황제의 노여움을 샀다. 황제가 직접 나서서 공무원이었던 그릴파르처에게 경고 처분을 내리고 이후 그의 이름으로 작품을 발표하지 못하도록 명령했다(얼마 후 용서받긴 했다).

1817년 세들린츠키 백작이 빈의 경찰청장 겸 수석검열관으로 취임하자마자 출판이 금지된 책들이 산처럼 쌓였다. '난도질 백작'이라는 별명까지 붙었다. 그는 실러의『군도』도 출판을 금지했다. 이 책에 등장하는 악역의 이름이 황제의 이름과 같은 '프란츠'였기 때문이다.

그뿐 아니다. 독일 연방의 이러한 검열 체제는 몇 편의 '희극'을 낳기도 했다.

1819년, 극작가 코체부의 암살 사건을 계기로 독일 연방의 각료회의는 '카를스바트 결의'를 발표했다. 이 결의로 인해 정치적 자유가 많이 제한되었다. 그중에서도 '출판 조령'은 검열을 '의무화'하는 내용이었다.

다만 검열 의무에 해당하는 출판물은 전지 20장 이하의 책으로, 바꾸어 말하면 팔절지로 320쪽 이하의 출판물이었다. 그래서 결의가 발표된 이후 무턱대고 분량을 늘린 두꺼운 책들이 출판되었다.

하이네의 명작『여행 그림』은 마지막 장인 4부가 훌륭하다는 평가를 받는다. 하지만 사실 4부는 검열을 피하려고 하이네가 일부러 덧붙여 쓴 부분이다.

그리고 1835년, 연방의회는 하이네를 포함한 '청년독일파'라 불리는 반체제 작가들과 이들을 돕는 출판업자를 엄중히 감시할 것을 결의했다.

당시 청년독일파와 검열관 사이의 다툼의 여파로 팔러슬레벤이라는 시인이 브로츠와프 대학의 교수직을 파면당한다. 『비정치적 노래집』이라는 제목의 정치적 시집이 검열에 걸렸기 때문이다.

이 때문에 팔러슬레벤은 스위스에서 시집을 발표하는 처지가 되었다. 『스위스에서 쓰는 독일 리트』라는 책에는 「독일인의 노래」라는 제목의 시가 있었다. "독일! 독일! 세상에서 가장 위대한 독일!"이라는 문장으로 알려진 이 시는 후에 곡이 붙여져 독일의 국가國歌가 되었다.

오늘날에는 '출판의 자유'가 보장된다. 이는 여러 가지 역사적 경험으로부터 검열이 매우 어리석은 결과만 불러온다는 사실을 배웠기 때문이다.

서양편

20세기

『프로테스탄티즘의 윤리와 자본주의 정신』

기독교 윤리가 자본주의를 만들다

막스 베버 (1864년~1920년)
20세기 독일에서 '사회학'을 학문으로 정착시켰다. 『직업으로서
의 학문』, 『직업으로서의 정치』라는 강의록으로도 알려져 있다.

20세기가 막 시작되었을 즈음에 막스 베버가 쓴 『프로테스탄티즘
의 윤리와 자본주의 정신』은 세상이 **사회학**을 확고한 학문의 한
분야로 받아들일 수 있게 만들었다. 이 책은 본디 물과 기름처럼
잘 섞이지 않는 '프로테스탄티즘'과 '자본주의'가 어떻게 근대사회
를 만들고, 시민이라는 사람들을 낳았는지 논리적으로 해석한다.

우선 베버는 근대사회를 이루는 구조적 요소를 '자본주의 정신'이
라 정의하고, 그 핵심을 '직업 관념'이라는 가치 의식 혹은 '직업인'
이라는 인간 유형에서 찾았다. 그리고 '직업 관념'이나 '직업인'의
역사적 뿌리를 '프로테스탄티즘의 윤리'에 깃들어 있는 '금욕적 합
리주의'라고 봤다.

막스 베버

    그는 성스러운 '프로테스탄티즘'과 욕망의 '자본주의'가 서로 완전히 분리된 듯 보이지만 사회 안에서 일치되는 부분이 있다고 말한다.

'자본주의 정신'이란 무엇일까. 베버는 이를 그저 욕심이 많다는 의미로만 보아서는 안 된다고 설명한다. 단순히 욕심 많은 사람들이야 세상에 흔히 존재한다. 하지만 자본주의가 성립할 수 있는 요소가 인간의 욕망뿐이라면 왜 자본주의가 세계의 다른 지역이 아닌 유럽에서 먼저 생겨났는지 설명하기 어렵다.

　베버에 따르면 '자본주의 정신'은 그저 돈벌이에 허덕이는 욕망이 아니다. 자본을 늘리는 일은 욕망을 뛰어넘는 '의무'이며, 그 '의무'를 다하지 않는 사람은 '윤리적'으로 악하다. 따라서 돈벌이라 불리는 영리 활동은 물질적 욕망을 채우기 위한 수단이 아니라 그 자체가 '인생의 목적'이다.

　쾌락이나 행복을 거부하고 그저 묵묵히 돈을 벌어 자본축적에 몰두하는 일이 바로 유럽 근대 특유의 '자본주의'다.

'자본주의 정신'의 기원은 마르틴 루터의 '직업' 관념에서 찾아볼 수 있다. 루터가 말하는 '직업'은 신의 명령이며, 신이 내린 직업을 뜻하는 '천직'과 같은 의미이다. 과거에는 세속적 직업이 자신의 신앙을 증명하는 데 필요한 도구였다. 자신이 구원받았다는 사실을 세상에 표현하는 '실재적 근거'가 직업적 성공이었던 셈이다. 이러한 맥락에서 직업적으로 성공한 사람은 종교적으로도 성공한 사람이고 '신에 가까운 사람'으로 여겨졌다. 즉 직업 생활의 상황 = 종교적 상황이 된 것이다.

　여기서 종교는 경제활동을 하거나 직업을 갖는 일을 정당화하기 위한 변명거리가 된다. 과거에는 메달의 앞면에 종교(프로테스탄티즘)를 새기고, 뒷면에는 직업(자본주의)을 새겨 둘을 일체화하였다. 하지만 베버의 책에서는 앞면과 뒷면의 위치가 뒤바뀌어 자본주의가 메달의 앞면으로 오게 되었다. 이 과정에서 사회에 '자본주의 정신'이 자리 잡는다.

프로테스탄티즘에서 '사명으로서의 직업'에 최선을 다하는 생활 태도는 **시민사회에서 '세속적 금욕'을 행하며 돈을 버는 사람들의 생활 태도와 같다.**

루터는 스스로 성서에 충실하게 살기 위해 이자를 받는 일을 죄악으로 규정하고, 상행위를 제한했으며, 투기를 금하는 등 전반적으로 사치를 막았다. 그러나 바로 이 금욕적 태도가 놀지도 쓰지도 않고 오로지 자본을 늘리는 데만 몰두하는 시민계급의 태도를 정당화시켰고 '자본주의'가 탄생하는 데 기여했다.

하지만 베버는 현대사회의 '금욕적 태도'는 '신에 가까워지는 방법'으로서의 금욕에서 멀어졌다고 말한다. 이와 같은 시대에는 '정신이 깃들지 않은 전문가', '신념이 없는 향락'만이 활개를 친다.

현대 경제학은 '자본주의 정신'에 대한 베버의 고찰을 의미 없는 일로 여겼고, 그가 확립한 '사회학'은 경제학의 눈엣가시가 되었다. 하지만 투자가가 왜 일생에 다 쓸 수 없을 정도로 많은 돈을 벌려고 하는지에 대해 베버보다 더 명석하게 설명한 사람은 없다.

『순수현상학과 현상학적 철학의 이념들』

판단을 멈추고 사고를 하자

에드문트 후설 (1859년~1938년)
독일의 철학자. '현상학'이라는 새로운 철학을 주창했다. 하이데 거, 사르트르, 메를로 퐁티와 같은 실존주의 철학자들에게 영향을 주었다.

후설에게는 빠르게 발전하는 사회가 오히려 멈춰 있는 사회처럼 보였다. 무엇이 멈추어 있는 것처럼 보였을까? 바로 사고思考였다. 과학적으로, 합리적으로, 또 효율적으로 '판단'하는 일은 후설이 보기엔 '현실에 실재하는 것(생활세계)'이 가진 참뜻을 잃게 만드는 일이었다. 뛰어난 수학자이기도 했던 후설은 '판단하는 일'을 그만두고, '다시 한번 사고하는' 일이 필요하다고 생각했다.

"자, 보시게. 만일 자네가 현상학자라면 이 칵테일에 대해 이야기 할 수 있겠지. 그 이야기가 자네의 철학이 되는 걸세."

사르트르는 얼굴이 창백해질 정도로 크게 감동했다. 거의 파랗 게 질렸다 해도 좋을 정도였다. 이는 그가 오래도록 바랐던 철학

보부아르의 『계약결혼』에 나오는 한 부분이다. 뒷날 사회학자가 되는 레이몽 아롱은 몽파르나스 거리의 백드가즈라는 바에서 살구 칵테일을 앞에 두고 사르트르에게 현상학에 관해 설명해 주었다. 아롱은 사르트르가 군에 있을 때 그가 기상관측병으로 지원하도록 충고해 주기도 했다. 아롱은 기상관측병 교관이었는데, 사르트르에게 풍속계 조작법을 가르쳐 주었다. 참고로 사르트르는 군 복무를 피하려고 일본으로 건너가서 프랑스어 교사로 일할까도 고민했다고 한다.

사르트르를 얼굴이 창백해질 정도로 흥분시킨 '현상학'이라는 학문은 에드문트 후설이 세운 철학이다. 아롱이 이야기하였듯 현상학은 '칵테일에 대해서'까지도 논할 수 있는 철학이다. 그렇다면 어떻게 해야 '칵테일'에 대하여 이야기하면서 철학을 한다고 할 수 있는 것일까?

우선 칵테일을 '칵테일'이라 부르지 않기로 한다. 더 나아가 이것을 인식할 때 어떠한 '명사'도 사용하지 않도록 해보자. 추상명사도 포함해서 말이다.

투명하게 보이고 흐르지 않는데 단단히 모양 잡힌 곳에 놓으면 그곳을 메우기 위해 움직인다……. 칵테일은 칵테일로 있기를 그만두고, 더구나 술도 물도 살구도 아니게 되며, 유리잔도 얼음도, 나아가 이것을 주문하여 마시려 한 욕망조차 지워 버린다. 이렇게 '일상적' 판단을 그만둠으로써 이것의 참된 모습과 마주한다.

에드문트 후설

더 나아가 일상적인 이야기에서 동사와 형용사도 사용하지 않고 그저 거기에 있는 것을 보고 이야기한다. 이를 인식하고 판단한다는 끝맺음을 없앰으로써 끝도 없고 시작도 없는 세상에 스스로 뛰어든다. 이렇게 하면 세계를 이루는 근원을 이해할 수 있다. 후설은 이를 '현상학적 환원'이라 불렀으며, 그 방법으로 '판단중지(에포케)'가 필요하다고 주장했다. 이는 **'판단'이라는 사고를 멈추고, 새로이 '사고'를 시작하는 일이다.**

현상학은 끝이 없는 학문이다. 메를로 퐁티가 "완전한 (현상학적)

환원은 불가능하다”고 말한 이유는 ‘현상학적 환원’에 끝이 없기 때문이었다.

그러나 현상학이 어디서 출발했는지는 알려져 있다. 그 출발점은 1907년 4월 26일부터 5월 2일까지 후설이 괴팅겐 대학에서 진행한 다섯 차례의 강의다. 이 강의는 후설이 사망한 이후 정리되어 『순수현상학과 현상학적 철학의 이념들』이라는 책으로 나왔다.

이 책 글머리에는 강의 길잡이라 할 수 있는 ‘강의 사색 과정’이 실려 있는데, 현상학에 이르는 고찰이 세 단계로 나뉘어 제시된다.

1단계는 데카르트의 방법적 회의에서 출발한다. 방법적 회의란 살아오면서 아무런 의심 없이 믿어왔던 것들을 새삼 의심해 보는 일이다. 이렇게 함으로써 ‘당연’하다고 여겼던 일들과 객관적으로 인식하던 대상까지도 의심해 볼 수 있다.

현상학적 환원이란 모든 것의 초월자(내 안에 내재적으로 주어지지 않은 것)에게 무효화 기호를 붙이는 일이다. 에드문트 후설 『순수현상학과 현상학적 철학의 이념들』

여기서 ‘초월자’란 눈앞에 있는 것이 객관적으로 존재한다고 인식할 수 있는 무언가다. 이 단계에서는 의심할 나위가 없다고 생각했던 일을 굳이 의심해 봄으로써 이전까지의 인식을 되돌아보는(비판하는) 태도가 요구된다.

2단계는 이렇게 얻은 순수한 인식을 원점으로 되돌려서 초월적인 것, 즉 확실하지 않은 것은 모두 **빼놓도록** 한다. 여기서는 과학적인 귀납도 연역도 가설이나 공리도 상관없다. 이렇게 되물어서 얻은 인식이야말로 절대적이다.

이것은 절대적인 인식의 분야이고, 이 분야에서는 자아든 세계든 신이든 수학적 다양체든 또 어떠한 과학적 객관성이든 상관없이 이들 모두를 배제하고 있다. 에드문트 후설 『순수현상학과 현상학적 철학의 이념들』

객관성보다 앞선 절대적인 것의 의미를 찾아야 한다. 이는 데카르트가 발견했으면서도 버려 버린 것이다.

3단계는 이렇게 해서 다다른 경지조차 아직 어긋남이 있음을 아는 단계이다. 예를 들어 '음音'을 인식할 때 그 음을 듣자마자 갖게된 인식과 음을 지속적으로 파악한 뒤 가진 인식은 다르다. 단순히 늘리는 소리에 대한 인식과 그 소리의 음정이나 음색 등을 파악한 뒤 갖는 인식이 다르다는 이야기다. 즉 음과 멜로디는 이들을 지각하는 내부에서 어긋나는 경우가 있다. 이를 이해해야 한다.

1단계에서 일상을 초월하고, 2단계에서 과학을 초월하고, 3단계에서 예술을 초월한다. 하지만 이 단계들을 모두 거쳤다고 해도 고작 입구에 다다랐을 뿐이다.

사물을 있는 그대로 직관할 것. 바로 직直, 볼 관觀이다. 여기에 있는 것을 직접 보는 것이 중요하다. 이렇게 함으로써 현상을 체험하는 일이 그릇에 사물을 담는 일이 아니라, 체험의 내부에서 사물이 만들어지는 일임을 이해할 수 있다. 인식을 의심하고, 되묻고, 다시 인식함으로써 모든 현상의 근원을 살필 수 있게 된다.

모든 학문을 규정하고 모든 학문적 소여성Gegebenheit을 구성하는 방법론적인 형식들, 즉 학문론의 해명은 분명히 이러한 흐름 속에 있고, 따라서 모든 학문의 해명도 함축적으로는(물론 단순히 함축적이기는 하나) 이 흐름에 있다. 에드문트 후설『순수현상학과 현상학적 철학의 이념들』

이와 같이 **현상학은 모든 학문의 밑바탕을 이루는 철학**으로 구상되었다. 지금도 현상학은 '**최후의 데카르트주의이며 최초의 포스트모던 철학**'으로서 많은 사람들에게 자극을 주고 있다.

(46) 『창조적 진화』

생명은 예측 불가능한 도약으로 진화한다

앙리 베르그송 (1859년~1941년)
프랑스의 철학자. 나치스가 프랑스를 점령한 후에도 "억압당하
는 사람들과 함께 하고 싶다"며 망명하지 않았다. 1927년 노벨
문학상을 수상했다.

1941년 1월 3일, 나치스 지배하의 프랑스 파리에서 저명한 유대인
이 죽었다. 앙리 베르그송이라는 철학자였다. 부고를 듣고 모인 사
람은 고작 서른 명 정도였다. 장례식다운 장례식이 이루어지지 않
았다. 추도문도 읽지 않았고 특정한 종교적 절차도 없이 매장되었
다. 아카데미 프랑세즈의 대표로 온 폴 발레리가 미망인이 된 그의
부인에게 애도의 글을 전했다.

베르그송은 이른바 '생의 철학'을 확립한 철학자다. 아니, 그의 철
학을 '생명의 철학'이라고 부르는 것이 좋을지도 모른다. '생명이란
무엇인가'에 대해 이 정도까지 파고든 사람은 없었기 때문이다.
  그는 『창조적 진화』라는 책에서 생명이 가진 '힘'과 그 힘의 근원

앙리 베르그송

을 **'생명의 도약**(엘랑 비탈 élan vital)'이라 이름 붙였다. 그리고 이 '도약'
이 생명을 진화하게 만든다고 주장했다.

누구나 '진화'라고 하면 다윈의 진화론을 떠올릴 것이다. 베르그
송 역시 다윈의 진화론을 부정하지 않았지만, 그것만으로는 내용
적으로 부족한 점이 있다고 생각했다.

예컨대 가리비의 눈 구조가 인간의 눈 구조와 닮았다고 할 때,
다윈의 자연도태설만으로는 무척추동물인 가리비가 어째서 척추
동물인 인간과 같은 눈 구조를 갖게 되었는지 설명하기 어렵다. 다
른 진화설 역시 이를 설명하기 어렵다.

이리하여 베르그송은 '생명 활동의 원시적 약동', 즉 '생명의 도

약'이라는 개념에 이르게 된다. 우연히 같은 시기에 서로 다른 생명체에게 '생명의 도약'이 일어날 때 이 생명체들은 비슷한 진화를 겪게 된다. 그러나 생명의 도약 활동은 마치 발사되자마자 폭발하여 사방으로 흩어져 튀는 수류탄과 같아서 분산하는 운동 하나하나를 거슬러 올라가서 파악하는 일은 불가능하다.

이성만으로는 이해할 수 없는, 폭발과도 같은 생명의 힘이 나타나는 현상이 '생명의 도약'이다. 베르그송은 생명과 대치할 때의 이성에 대해 다음과 같이 비꼬았다.

우리의 이성은 구제 불능일 정도로 자만심이 가득하여, 날 때부터 가지고 태어난 권리 또는 스스로 쟁취해서 얻은 권리로서, 천성적 또는 습득적으로 진리 인식을 위한 본질적 능력을 모조리 가지고 있다고 생각한다. 앙리 베르그송 『창조적 진화』

이성은 진화에 대해 예측 가능한 법칙성을 찾아내려 한다. 하지만 '생명의 도약'은 예측할 수 없다. 그것은 복잡하고 다양한 리듬으로 일어나기 때문에 우연히 리듬이 일치했다고 해서 시간을 뛰어넘어 미래의 모습을 예측할 수 있는 것은 아니다.

'생명의 도약'은 늘 새롭게 일어나는 '창조'다.

최근 연구에 따르면 가리비의 눈이 척추동물과 같은 구조라고 볼 수만은 없다는 사실이 밝혀졌다. 그렇다고 해서 이 연구의 결과가 베르그송 철학의 결점을 드러냈다고는 할 수 없다. '진화'는 아직도 예측할 수 없고(목적론의 부정), 조작할 수 없다(기계론의 부정)는 것이 확실한 사실이기 때문이다. 또한 품종개량은 물론 이를 목적으로 한 유전자 조작 등을 진화라고 부르지 않는 것은 다윈의 학설에서도 설명되다시피 분명한 일이다.

베르그송은 많은 사람들에게 영향을 끼쳤다. 프루스트의 『잃어버린 시간을 찾아서』는 기억에 대한 베르그송의 생각에 영향을 받은 책이라고 알려져 있다. 베르그송의 아내는 프루스트의 외가 쪽 친척이었으며 프루스트가 결혼식에서 신부를 보좌했다고 한다.

또한 베르그송과 동갑내기 철학자인 후설은 베르그송의 직관적 철학을 접하고 "우리는 진정한 베르그송주의자다"라고 말한 바 있다. 보부아르는 『제2의 성』에서 생물학적 성 문제를 베르그송적 관점으로 다루었다. 들뢰즈는 베르그송의 '차이'의 개념을 철저히 연구하여 자신의 철학을 완성했다.

생명에 대한 베르그송의 사고는 자애로움으로 넘쳐난다. 마치 인류를 '과학'이 몰고 오는 차가운 바람으로부터 막아 주는 듯하다.

『창조적 진화』의 전 단계 책이라고 볼 수 있는 『물질과 기억』은 실어증에 대한 연구를 중심으로 구성된 책이다. 베르그송의 외동딸은 선천적으로 귀가 들리지 않아 말을 자유롭게 할 수 없었는데 그 사실이 영향을 끼친 것으로 보인다. 베르그송이 아카데미 프랑세즈의 회원이 되었을 때 콜레주 드 프랑스의 학생들이 강의 시작 전에 교단을 꽃으로 가득 채운 일이 있었다. 이를 본 베르그송은 "저는 댄서가 아닌데요" 하면서 웃었다고 한다. 춤을 잘 추었던 사람은 그의 딸이었다. 귀가 들리지 않아도 발로 리듬을 느끼며 곧잘 '도약'했던 모양이다.

『잃어버린 시간을 찾아서』

나라고 말하지 않고 나에 대해 이야기하기

마르셀 프루스트 (1871년~1922년)
프랑스의 소설가. 지나치게 섬세한 신경을 지키기 위해 외부의
소음을 차단하려고 코르크로 밀폐된 집에 살았다고 한다.

프루스트가『잃어버린 시간을 찾아서』를 들고 출판사를 찾았을 때 출판사 관계자는 다음과 같이 말했다고 한다.

"이보시게. 내 머리가 좋지 못해 그러는지도 모르겠네만, 아무리 머리를 쥐어짜 보아도 어떤 남자가 잠들기 전까지 몸을 어떻게 뒤척였는지 묘사하는 데 왜 30페이지나 필요한 건지 난 도무지 모르겠네."

출판사 관계자가 출판을 거절하면서 남긴 이 솔직한 평은 지금도 많은 사람들이 이 책을 읽을 때 갖는 생각과 비슷할 것이다.

앙드레 지드도 처음에는 이 소설을 외면했고, 사르트르 역시 이 소설의 작품성을 인정하지 않았다.

그러나 한 번 이 소설의 매력에 제대로 빠져들면 다른 소설은 눈

마르셀 프루스트

에 들어오지 않는다. 이 책만 있으면 다른 소설은 읽고 싶지 않을 정도다.

『잃어버린 시간을 찾아서』는 분명한 스토리를 갖고 있지만, **이 소설에서 사실 스토리는 그다지 중요하지 않다**. 이 소설의 스토리는 솜사탕의 심과 같아서 줄거리만 들이밀어서는 아무런 의미가 없다.

굳이 줄거리를 설명해보자면, 어느 프랑스 부르주아 집안의 아들이 여러 사람을 만나고, 사랑하고, 상처받으면서 어른이 된 뒤 자신의 과거를 어렴풋이 회상하는 이야기이다.

줄거리보다 더 중요한 것은 사람들의 마음과 풍경의 묘사다. 스토리는 이를 뒷받침해 주는 역할에 그친다고 말할 수 있다.

이 소설에 주인공은 '존재하지 않는다'. 화자인 '나'는 마르셀이라는 이름이 있지만 작가인 마르셀 프루스트 자신과는 완전히 다른 인물이다.

프루스트는 앙드레 지드에게 "나라고만 하지 않으면 무엇이든 이야기할 수 있습니다" 하고 말했다고 한다. 나는 나이기도 하지만 내가 아니다. 데카르트는 "나는 생각한다. 그러므로 존재한다"고 말했지만 『잃어버린 시간을 찾아서』에서는 생각하면 생각할수록 '나'의 존재는 희미해진다. '나'라는 주어가 구태여 필요 없는 언어인 한국어나 일본어로 이 책을 번역할 때는 될 수 있으면 '나'를 생략하는 쪽이 나을 것 같다. 그편이 프루스트가 의도한 바에 더욱 가까워질 수 있기 때문이다.

이 소설에서는 '드레퓌스사건'이 반복해서 배경으로 등장한다. 프랑스군 참모본부의 드레퓌스 대령이 스파이 혐의로 체포된 사건이다. 별다른 물증이 없음에도 드레퓌스 대령이 유대인이라는 점이 강하게 작용해 그에게 종신형이 내려진다. 이는 너무나도 억울한 사건이었고 거짓으로 꾸며진 이야기로 가득한 사건이었지만 사건의 진실은 좀처럼 밝혀지지 않았다. 프랑스 언론은 반반으로 나뉘었고, 에밀 졸라는 이 사건을 신문에 고발한 후 영국으로 망명을 하는 지경에 이르렀다.

이 문제적 사건과 더불어 동성애 역시 중요한 소재로 다루어진다. 『잃어버린 시간을 찾아서』는 동성애를 분명히 다룬 첫 번째 소설이다. 이전까지는 동성애에 대해 누구든 알고 있으면서도 입 밖으로 꺼내지 못했다. 프루스트는 동성애를 낭만적으로 꾸미지 않고 현실적으로 그려 냈다.

사실 프루스트는 유대인이었고 동성애자였다. 그러나 소설의 주인공인 '나'는 이 둘 중 어느 쪽에도 속하지 않는다.

이 소설에서 **'나'는 주인공이라기보다는 모든 등장인물들의 마음속을 들여다보는 렌즈와 같은 존재다**. '나'의 마음은 마들렌을 한 입 베어 물거나 부츠의 단추에 손이 닿는 순간, 순식간에 상념으로 부풀어 올라서 시간이라는 개념을 무의미하게 만들어 버린다.

시간에 따른 격의 없는 이야기 속에서 주인공은 다른 인물들의 마음속 깊은 곳까지 훤히 묘사하고, 독자는 이를 별다른 저항 없이 진실이라 받아들이게 된다. 프루스트는 '나' 이외의 등장인물들과 자신의 고민을 공유하고 '나'는 그저 이를 들여다보는 존재가 된다.

프루스트는 1907년부터 이 장대한 소설을 쓰기 시작했다. 일본으로 치면 나쓰메 소세키나 모리 오가이와 같은 시대다. 소설 속 살롱에서는 러일전쟁의 진척 상황이 이야깃거리로 등장하기도 한다.

한나 아렌트는 『전체주의의 기원』에서 반유대주의의 사회적 모습을 서술할 때 『잃어버린 시간을 찾아서』를 참고했다. 훌륭한 문학 작품은 사회 문제를 보통의 논문보다 더 정확하게 그려 낸다. 토마 피케티 역시 『21세기 자본』에서도 짤막하지만 이 소설을 예로 들어서 사회적 격차를 이야기했다.

프루스트는 1907년부터 쓰던 『잃어버린 시간을 찾아서』를 완성하였지만 마지막 권 교정을 끝내지 못한 채 1922년에 숨을 거두었다. 그 마지막 권에는 이런 문장이 적혀 있다.

한 권의 책이란 이를테면 이름이 지워져서 판독할 수 없는 묘비가 대부분을 차지하는 커다란 묘지와 같다. 마르셀 프루스트 『잃어버린 시간을 찾아서』

㊽ 『정신분석 강의』

무의식이 우리 삶에 미치는 영향

지크문트 프로이트 (1856년~1939년)
정신분석학의 창시자. 칼 구스타브 융과 알프레드 아들러 등 많은 우수한 제자들을 키워 냈다.

프로이트는 '무의식'이라는 것이 존재하며 그것이 삶에 커다란 영향을 미친다는 사실을 처음으로 밝혀냈다. 그는 이전까지 '단순한 꿈'이나 '무심코 저지른 실수'로만 여기던 행동에 중요한 의미가 있음을 밝혔다.

프로이트는 1915~1917년에 두 번의 겨울 학기에 걸쳐 오스트리아의 빈 대학에서 정신분석 개론을 강의했다. 이후 이 강의의 내용을 정리해서 만든 책이 『정신분석 강의』다.

이 책은 1부 '실수 행위의 심리', 2부 '꿈', 3부 '신경증에 관한 일반 이론'으로 구성되어 있다.

프로이트는 이 책에서 신경증이라는 병의 원인을 일상생활에서

지크문트 프로이트

하는 작은 실수나 말실수, 그리고 평소 꾸는 꿈을 통해서 찾아낼
수 있다고 주장한다. 신경 활동에서 나타나는 정상적 행동과 비정
상적 행동 모두가 무의식의 법칙에 지배를 받는다는 것이다. 이 주
장이 바로 이 책의 핵심이다.

　이 책에서 그는 이전까지 성욕과는 무관한 것으로 여겨졌던 유

아기에도 성욕에 대한 특별한 인식이나 경험이 생긴다고 보았다. 유아기의 성적 경험은 얼핏 잊힌 기억처럼 보이지만 무의식을 이루는 밑바탕이 된다. 잊어 버렸다고만 생각했던 유아기의 성적 경험은 무의식중에 욕망을 만들고, 성장하고 난 후의 그의 행동을 지배한다. 예컨대 신경증은 유아기에 겪은 성적 학대가 트라우마가 되어서 성장한 뒤에 그 상처가 나타난 것이다.

이처럼 프로이트는 신경증에 대한 이론을 의학에 한정하지 않고 인간 자체를 이해하기 위한 범주 중 하나로 제시했다.

그러나 이 지점에 이르러 프로이트는 신경증 증상에서 그 이면에 있는 의미를 찾아낸 것처럼, '분석'을 통해 새로운 세계관을 찾아내야 할 필요성을 느끼고 있었다. 왜냐면 프로이트의 이론은 정신병뿐 아니라 '정신' 그 자체를 연구 대상으로 하고 있었기 때문이었다.

주위에서는 그를 향한 비판의 목소리가 높아졌다. 신경증 치료만을 다룬다면 의학의 문제로 한정할 수 있지만, 이론의 근본 원리에 '정신' 자체가 관련되어 있다면 정신과 세계의 상관관계를 '정신분석'으로 파악하는 구조를 제시해야 한다는 목소리였다.

이와 같은 문제에 직면하자 프로이트는 속편을 쓰기로 결심하고, 드디어 『새로운 정신분석 강의』를 출판한다. 그는 그에게 '세계관'을 보여 주길 끊임없이 요구했던 비판자들에 대해 "세계관을 끈덕지게 요구하는 태도가 바로 신경증적 증상이나 다름없다"라고 일침을 날렸다.

나아가 그는 "세계와 자아의 관계를 어떻게 규정해야 할까"라는 질문에 대해 **세계와 자아의 관계는 규정 불가능하다**고 답했다. 그러면서 인간이 세계를 인식하는 능력은 일반적으로 빈틈 투성이고 자아와 세계 인식의 간극을 밝혀내는 일이야말로 과학에서 정신분석이 해야 할 역할이라고 결론을 지었다.

프로이트가 이룬 성과는 지금까지도 그 중요성을 잃지 않았다. 그가 처음 만든 개념 중에서 우리가 지금도 일상생활에서 쓰는 개념들이 적지 않다. 성적 충동을 일으키는 힘을 가리키는 '**리비도**', 어린 시절 받은 마음의 상처를 가리키는 '**트라우마**', 남성의 정신 형성을 그리스 신화를 모델로 하여 제시한 '**오이디푸스 콤플렉스**', 인간은 삶뿐만 아니라 죽음도 본능적으로 원한다는 개념의 '**타나토스**' 등이 그 예이다.

또한 프로이트는 자유연상법에 의한 분석, 대화에 의한 카운슬링 등을 자리 잡게 했다. 이는 오늘날 외상 후 스트레스 장애의 개념과 치료로 이어지고 있기도 하다.

㊾ 『논리철학논고』
위대한 서양 철학의 종착점

루드비히 비트겐슈타인 (1889년~1951년)
그야말로 천재라는 이름에 걸맞은 철학자. 철강 산업을 이끌던
부유한 아버지에게 막대한 유산을 물려받았으나 자신의 저서를
출간한 후에 이를 모두 포기했다.

"그리고 신神이 도착했다. 나는 5시 15분 기차를 타고 온 신을 만났다."

경제학자 케인스가 자신의 아내에게 보낸 편지의 한 구절이다. 여기 등장하는 '신'은 비트겐슈타인을 가리킨다. 이날 케인스는 철학자 버트런드 러셀과 함께 케임브리지 대학으로 복직하는 비트겐슈타인을 마중하기 위해 역으로 나갔다.

오늘날 미국과 유럽에서 비트겐슈타인은 '천재'의 대명사로 일컬어진다. 그는 버트런드 러셀이 찾아낸 천재로서『논리철학논고』라는 간명한 철학서를 저술했다.

그의 목적은 '철학을 끝내는 것'이었으며『논리철학논고』는 이러

루드비히 비트겐슈타인

한 목적으로 쓴 책이었다. 그는 1931년 2월 7일 일기에 이렇게 썼
다. "내 이름이 만약 사후에도 계속 살아 있다면 위대한 서양철학
의 종착점으로서 알려질 것이다. 마치 알렉산드리아 도서관을 불
태운 사람의 이름처럼 말이다."

　『논리철학논고』를 통해 모든 철학 문제를 해결했다고 생각한 비
트겐슈타인은 오스트리아의 작은 시골 마을의 초등학교 교사로 부
임한다. 이 시기에 그는 『초등학생을 위한 어휘 사전』이라는 책을
내기도 했다. 그가 살아 있는 동안 출판한 책은 『논리철학논고』와

이 책 두 권뿐이다.

이후 『논리철학논고』가 지식인들 사이에서 화제가 되면서 비트겐슈타인은 케임브리지 대학으로 복귀한다. 그리고 중요한 업적들을 더욱 많이 이루어 냈다.

『논리철학논고』의 내용은 아주 단순하다. 526개의 짧은 명제에 각각 숫자가 매겨져 있다. 이 숫자는 각 명제의 논리적 무게, 즉 비트겐슈타인의 서술 속에서 그 명제들이 지니는 힘을 나타낸다. 먼저 하나의 명제를 제시하고 명제에 n.11과 n.12 등의 형식으로 명제를 덧붙인다. 이는 n.1에 대한 첫 번째와 두 번째 코멘트라는 '진술'의 구조를 갖는다. 예를 들면 이런 식이다.

1. 세계는 일어나는 모든 것이다.

1.1 세계는 사실들의 총체이지 사물들의 총체가 아니다.

1.11 세계는 사실들에 의하여, 그리고 그것들이 모든 사실이라는 점에 의하여 확정된다.

1.12 왜냐하면 사실들의 총체는 무엇이 일어나는가를, 그리고 대체 무엇이 일어나지 않는가를 확정하기 때문이다. 루드비히 비트겐슈타인 『논리철학논고』

명제 중에는 이와 같은 코멘트가 없이 정수로만 숫자가 매겨진 명제가 있다. 이러한 명제는 모두 일곱 개로, 이 일곱 개의 명제가 『논리철학논고』의 골자가 된다. 이 명제들은 논고의 핵심 역할을 하며 사고의 기반을 분명히 한다.

1. 세계는 일어나는 모든 것이다.

2. 일어나는 것, 즉 사실은 사태들의 존립이다.

3. 사실들의 논리적 그림이 사고이다.

4. 사고는 뜻이 있는 명제이다.

5. 명제는 요소 명제들의 진리 함수이다. 요소 명제는 자기 자신의
   진리 함수이다. (요소 명제란 'OO는 XX다'와 같이 그 이상 단순화할 수 없
   는 명제를 말한다. 진리 함수란 논리적 기술의 문장을 진리와 거짓의 집합으로
   분류하여 대응시키는 것을 말한다.)

6. 진리 함수의 일반적 형식은 [p, ξ, N(ξ)]이다. 이것이 명제의 일
   반적 형식이다. (이때 p를 '모든 요소 명제', ξ를 '임의의 명제 집합', N(ξ)를
   '임의 명제를 포함한 모든 명제의 부정'이라 한다.)

7. 말할 수 없는 것에 관해서는 침묵해야 한다. 루드비히 비트겐슈타인
   『논리철학논고』

비트겐슈타인의 생애에 제목을 붙여 본다면 '천재는 괴로워' 정도
가 적당할까. 그는 웬일인지 보통 사람처럼 평범한 삶을 살기를 바
랐다. 말장난을 좋아했고, 서부극을 사랑했으며, 철학을 배우기보
다는 공장에서 일을 하라고 제자를 설득했다.

  『논리철학논고』를 쓴 이후, 초등학교 교사로 생애를 보내려 했
으나 결국 그의 꿈은 이루어지지 않았다. 천재가 평범한 삶을 사는
것은 하마에게 턱시도를 입히는 것처럼 무리한 일이었다.

영어로 쓰인 20세기 최고의 소설

제임스 조이스 (1882년~1941년)
다양한 영어 표현을 구사해 새로운 문학의 경지에 이르렀다. 그의 또 다른 대표작 『피네간의 경야』는 번역이 불가능하다는 평을 받는다.

매년 6월 16일, 아일랜드 더블린에서는 사람들이 모여서 거리를 행진한다. 그들은 제임스 조이스의 팬들로, 소설 『율리시스』에서 벌어지는 사건들을 재연한다.

제임스 조이스의 『율리시스』는 영어로 쓰인 20세기 최고의 소설이라 평가받는다. 이 책의 분량은 수백 페이지에 달하지만, 소설의 이야기는 1904년 6월 16일 목요일 오전 8시부터 단 18시간 동안 벌어진 일만을 다루고 있다. 이날은 조이스가 훗날 그의 부인이 되는 두 살 어린 연인 노라 버나클과 처음으로 데이트를 한 날이기도 하다.

소설의 제목에서 알 수 있듯이 『율리시스』는 『**오디세이아**』를 **패러디한 형태**로 구성되었다. 『오디세이아』는 라틴어로 '울릭세스

Ulyxes'이며 이를 영어로 읽으면 '율리시스Ulysses'가 된다.

제임스 조이스

『율리시스』의 주인공 레오폴드 블룸은 『오디세이아』로 치면 오디세우스에 해당한다(『율리시스』의 팬들은 6월 16일을 소설의 주인공과 연관 지어 '블룸스데이Bloomsday'라 부른다). 블룸의 부인 몰리는 오디세우스의 부인 페넬로페, 스티븐 데덜러스는 오디세우스의 아들인 텔레마코스, 블레이지즈 보일런은 페넬로페의 구혼자 중 한 사람인 안티노우스에 해당한다.

이들 중 스티븐 데덜러스는 조이스의 분신이라고도 할 수 있는 존새나. 소이스는 과거에 스티븐 데덜러스라는 필명을 사용했다. 또한 스티븐 데덜러스라는 인물은 『젊은 예술가의 초상』, 『더블린 사람들』 같은 조이스의 다른 소설들에서도 등장한다. 『젊은 예술가의 초상』에서 스티븐 데덜러스는 토마스 아퀴나스의 중세적 사고를 분석하고, 자신의 심미론을 '응용 아퀴나스applied Aquinas'라고 설명했다.

『율리시스』는 단순한 『오디세이아』의 패러디 소설이 아니라 고대부터 현대에 이르기까지 시, 소설, 에세이, 기사, 나아가서는 역사와 정치의 기록, 덧붙여 가십, 외설, 야담을 포함한 여러 형식의 문장이 **빽빽**이 담겨 있는 소설이다. 여기에 더해 언어적 유희, 합성어, 조어, 은어, 농담 등이 군데군데 섞여 있고 온갖 잡학이 들어가 있어 독자를 진저리치게 만드는 언어의 향연이 벌어진다.

조이스는 얼핏 보아서는 아무렇게나 쓴 것처럼 보이는 이 소설을 '계획표'까지 만들어 치밀하게 다듬어서 완성했다.

사실 『율리시스』 출판까지는 많은 어려움이 따랐다. 1918년부터 미국의 문예잡지 《리틀 리뷰》에 연재되었으나 미국 행정 당국에 몰수되어 게재가 중단되었다. 게다가 뉴욕 악서惡書 추방협회로부터 고소를 당해서 잡지사의 두 편집자에게 벌금형이 내려지기도 했다. 이 작품이 음란 출판물이라는 판정을 받았기 때문이었다. 이에 따라 당시 미국에서는 『율리시스』의 출판이 금지되었다.

우여곡절 끝에 『율리시스』는 파리에 있던 영문학 전문 서점 셰익스피어 앤드 컴퍼니에서 출간되었다. 서점을 경영하던 실비아 비치가 개인적으로 힘을 많이 실어 줬기에 가능했던 일이었다.

『율리시스』는 그 후 유럽에서 연이어 발행되었으며, 1933년 미국에서 출판 금지 처분을 해제하는 판결을 받으면서 랜덤하우스에서 출간되었다.

㉛ 『존재와 시간』

세계는 존재의 연속으로 이루어져 있다

마르틴 하이데거 (1889년 ~ 1976년)
20세기 최고의 철학자라는 평가를 받는다. 『존재와 시간』을 발행한 뒤 '시간의 현자'라는 수식어가 붙었다. 프라이부르크 대학의 총장을 지내던 시절에 나치스에 협력했다는 비난을 받았다.

1927년 갑작스레 등장한 하이데거의 『존재와 시간』이 가져온 충격은 금방 독일 전역으로 퍼져 나갔다.

이 책은 "마치 번개처럼 번뜩이며 순식간에 독일 사상계의 판도를 바꿨다".

『존재와 시간』은 서양철학의 근본적 질문인 **존재란 무엇인가**에 대해 해명하기 위해 쓴 책이다.

하이데거는 우선 "존재하는 것(존재자)의 존재 그 자체가 존재'한다'는 보증은 아니다"라고 말했다.

'존재하는 것'은 존재에 의해 '존재할 가능성이 있는 무엇'이 될 수는 있다. 그러나 존재 그 자체만으로는 '존재하는 것'이 될 수는

마르틴 하이데거

없으므로 '존재하는 것' 속에서 '존재란 무엇인가'의 답을 끄집어내려는 시도는 소용없는 일이다. 존재란 일종의 작용이자 힘이며, 존재 그 자체가 존재하는 것은 아니다.

　그렇다면 존재에 작용을 가하고, 존재가 일어나는 장場이 되는 것은 무엇인가. 바로 **인간**이다. 하이데거는 존재(자인sein)가 활동하는 장(다da)이라는 의미로 인간을 '현존재(다자인dasein)'라 불렀다. 하이데거의 존재론에서 **인간이란 언제나 '현존재'**다. 그리고 "현존재가 있는 한에서만 존재가 생겨난다." 존재하는 것을 '존재하는 것'일 수 있도록 하는 존재는 현존재 안에서 일어나는 하나의 작용이며 이 작용을 '존재 이해'라 부른다.

　『존재와 시간』 1부 1편의 '현존재에 대한 준비적 기초 분석'에서 하이데거는 '현존재'의 기초 구조를 '세계-내內-존재'라 규정한다.

'세계-내-존재'란 무엇인가. 먼저 현재의 '세계'는 현존재에게 유의미한 것이며, 이른바 도구와 같은 역할을 한다고 보았다. 도구는 도구와 연관되면서 현존재에 의해 세계로서 인식된다.

그러나 이것은 어디까지나 세계가 가지고 있는 하나의 '가능성'일 뿐이다. 하이데거는 현존재의 존재 양상에 따라서 세계가 변화할 가능성이 있다고 보았다. 이러한 현존재의 가능성을 깨달았을 때 현존재는 말로 다 표현할 수 없을 정도로 불안에 휩싸이게 되고, 세계나 '존재하는 것'이 완전히 무의미하다고 느끼게 된다.

현존재가 자신의 가능성을 깨닫고 그 가능성에 자신의 관심을 돌릴 때 세계는 의미의 그물망으로 느껴진다. 그러면 현존재는 그 의미의 그물망 속에서 살아갈 수밖에 없게 된다. 이처럼 현존재가 의식을 가지고 세계를 능동적으로 만들어가는 작업을 하이데거는 '**기투**'라고 부른다. 그리고 그러한 세계에 내던져지는 것을 '**피투성**'이라 부른다.

'**내-존재**'란 이 '기투'와 '피투성'이 분리될 수 없게 얽힌 근원에 있는 것이다. 이는 이미 만들어지기 시작한 세계에서 자기 이전에 이미 '존재하는 것'과 만나는 일이다. 이것은 세계에 관한 '관심'으로 나타난다.

현존재가 존재하는 전체적 구조는 세계를 향한 관심이라고 해석된다. 그러나 세계를 향한 관심을 현존재의 존재적 근원이라고 하기에는 무언가 부족하다. 현존재의 근원은 무엇보다도 현존재와 '죽음'과의 관계 속에서 찾아야 할 것이다. 그 관계 속에는 나보다 앞서서 만들어진 세계, 그 세계와의 관계, 그리고 불안을 이해할 수 있는 가능성이 있을 것이다.

세계에 관한 관심은 '죽음'에 대한 선구자적 각오다. 이 각오를 가능하게 하는 것이 '**시간성**'이다. 하이데거는 시간은 존재가 아니라 자기를 시간화하는 것이라고 보았다. 그 시간 속에 있는 근원적 시간이라고도 부를 수 있는, 측정할 수 없는, 자기 자신을 초월한 '**시간성**'에 의해 세계에 관한 관심과 '죽음'에 대한 선구자적인 각오가 가능해진다. 이것이야말로 본원적 시간성이며, 일상적 시간은 비본원적 시간성이다.

이 비본원적 시간성이 세계에 투영될 때 시간도 세계처럼 의식되고 물리학적인 시간으로 나타난다.

『존재와 시간』은 원래 상하권 중의 '상권'으로 간행되었다. 그러나 하이데거는 도중에 하권의 집필을 그만두었고 『존재와 시간』의 표지에도 언제부터인가 '상권'이라는 표시가 없어졌다.

무슨 이유로 집필을 중단했는지 알려진 바가 없지만, 하이데거는 지금의 형태로 이 책을 완성했다. 참고로 하이데거가 집필 중이었던 하권의 내용에 대해서는 일본의 기다 겐木田元 교수가 상세하게 연구한 바 있다.

(52) 『구토』

실존이 본질에 우선한다

장 폴 사르트르 (1905년~1980년)
실존주의로 잘 알려진 프랑스의 철학자. 사르트르의 부인은 『제2의 성』을 쓴 보부아르다.

장 폴 사르트르가 쓴 소설 『구토』는 실존주의 철학이 20세기 유럽을 장악하는 데 큰 역할을 했다.

이 소설의 원제목인 La nausée는 본래 '구역질'이라는 뜻이지만 번역을 통해 '구토'라는 제목으로 바뀌었다. 당초 책의 제목으로 '멜랑콜리아'나 '앙투안 로캉탱의 경이로운 모험'을 내놓았으나 가스통 갈리마르(『구토』를 출판한 갈리마르 출판의 창업자)의 의견을 받아들여 지금의 제목이 되었다. 소설의 내용도 처음에는 추상적 서술이 주를 이루었지만 사르트르의 부인인 보부아르의 충고로 긴장감 있는 서술로 바뀌었다.

사르트르는 노년에 『구토』를 두고 "완전히 문학적 관점에서만 보면 그 소설은 내가 쓴 글 중 가장 좋은 글일 것이다"라고 말했다.

시몬 드 보부아르와 장폴 사르트르

『구토』의 주인공은 앙투안 로캉탱이라는 좀 특이한 이름을 가진
남자다. 로캉탱이란 이름은 '풍자적 샹송가수' 또는 '나이에 맞지
않는 옷차림을 한 노인'이라는 뜻이다. 로캉탱은 1932년 1월 25일
부터 약 한 달 사이의 일들을 일기로 기록하는데, 이것이 이 소설

의 내용이다.

주인공 로캉탱은 연금생활자인데 특별한 직업 없이 역사를 연구하기 위해 프랑스 부빌이라는 도시의 싸구려 호텔에서 살고 있다. 연구하는 시간 빼고는 도서관에서 알게 된 독학자와 가끔 만나거나 자주 가는 비스트로의 여주인과 육체적 관계를 갖는 정도가 다른 사람과 하는 유일한 교제다. 그는 '단독자'이자 '독립한 인간'으로 사르트르가 말하는 자유로운 존재다. 가족에 대한 언급도 거의 없다. 인간과 접촉하는 일이 드문 로캉탱은 '사물'에 둘러싸인 생활을 한다.

그러던 어느 날 로캉탱은 이 '사물'이 그저 단순한 사물이 아니라 '존재'임을 깨닫는다. 이 '존재'는 완전히 우연적이며, 모든 존재는 서로 아무런 필연성 없이 존재한다는 생각에 이른다. 그리고 공원에서 마로니에 나무의 뿌리를 내려다보다가 '구역질'을 한다.

나는 그토록 나 자신을 팽개치고, 잊고, 잠들고 싶었다. 그러나 나는 그럴 수 없었다. 나는 숨이 찬다. 존재는 눈, 코, 입…… 도처에서 나의 내부로 침입해오고 있다…….

그러다가 갑자기, 대번에 베일이 찢어진다. 나는 알았고, 나는 '보았다'. 장 폴 사르트르 『구토』

그러나 주위 사람들은 '존재'를 외면하고 무심히 살아간다. 부르주아들은 지레 자신들이 세계에 존재의 이유를 불어넣고 있다고 믿고 이를 의심해 보려고도 하지 않는다. 로캉탱은 그들을 '더러운 놈들salauds'이라 부르며 경멸한다. 이는 속물을 향한 비판 또는 부르주아를 향한 비판으로 나타난다.

『구토』는 후설의 현상학을 토대로 한 소설이다. 사르트르는 베를린에서 유학하던 시절에 후설을 직접 만난 적도 있다.『구토』는 이른바 현상학적 소설이라고 할 수 있다.

1964년 사르트르는 노벨 문학상 수상자로 선정된다. 그러나 "어느 누구도 삶을 사는 동안 신격화되어서는 안 된다"라며 수상을 거부했다. 그는 노벨상 말고도 공적인 상을 전부 거절하였으며, 레지옹도뇌르 훈장(프랑스 최고의 훈장) 역시 거부했다.

사르트르가 1966년에 일본을 찾은 적이 있는데, 관광은 전혀 하지 않았다. 신칸센을 타고 이동하는 중에도 책에 열중한 나머지 후지산에는 눈길도 주지 않았고, 호텔에 도착한 후에도 창밖도 한번 내다보지 않았다고 한다.

한 세기를 풍미한 사르트르의 실존주의는 역사적으로 보자면 키에르케고르의 사상이나 하이데거의 사상과도 다른 특이한 면이 있다.『구토』는 그가 구축한 실존주의를 여실히 보여 주는 책으로 오늘날에도 유효한 질문을 품고 있는 저작이다. 사르트르의 철학은 아직도 그 힘을 잃지 않고 있다.

㊼ 『전체주의의 기원』

20세기를 집어삼킨 괴물, 전체주의에 대하여

한나 아렌트 (1906년~1975년)
독일 출신의 여성 철학자. 유대인이었던 그는 나치스가 등장하
자 미국으로 망명하였다.

한나 아렌트는 '전체주의' 사상의 기원과 그 확대 과정을 처음으로
밝혀낸 인물이다.

그가 쓴 『전체주의의 기원』은 총 3부로 구성되어 있다.

1부 '반유대주의'

19세기 이후 유럽의 반유대주의는 그 이전까지의 반유대주의와
는 다른 성격을 가진다는 논의가 이루어진다. 유대인과 민족국가
및 사회의 관계, 그중에서도 유대인과 상류사회와의 독특한 관계
에 대한 자료들이 논의의 바탕이 된다.

한나 아렌트

2부 '제국주의'

19세기 후반 이후 제국주의 팽창기에 식민지에서는 식민지 종주국가와는 이질적인 형태의 관료제적 지배 체제가 생겨났다. 이는 국민국가의 근대적 통치와는 전혀 다른 체제이면서도 어떤 면에서는 합리성을 갖고 있었다. 관료제적 지배 체제는 **극히 적은 절차를 통해 '지배'를 완성시키는 방법**이었다. 그런데 이 체제가 거꾸로 유럽의 식민지 종주국에 역수입되면서 전체주의 성립에 커다란 역할을 한다.

3부 '전체주의'

3부에서는 나치즘과 스탈린주의에 대한 논의가 이루어진다. 나치즘과 스탈린주의는 이데올로기를 통한 지배와 조직적이고 '합리적'인 테러가 특징이다. 두 체제는 완전히 새로운 통치 형태로 나타났으며 '전체주의'라는 공통분모를 갖고 있다.

전체주의가 만들어진 배경은 사회의 급격한 변화에 따른 '공통 감각'의 상실에 있다. 대중사회로 변화함에 따라 개개인이 가진 '현실 인식'에서 공통성이 사라지게 되었다. 사람들은 지금까지 사회에 대해 공유했던 인식을 대체하는 새로운 '현실 인식의 논리'를 만들어야 했다. 이것이 논리적 구축물로서의 '이데올로기'다.

강제수용소를 그 정점으로 하는 조직적 테러는 인간의 다양성이나 자발성을 뿌리 뽑는 것을 목표로 하는 전체주의적 지배의 궁극적 실험실이었다.

한나 아렌트는 독일 태생의 유대인이었는데 나치스의 박해를 피해 프랑스로 망명했다. 이후 프랑스가 나치스에 항복하자 다시 미국으로 망명했다. 그는 미국에서 대학교수를 역임하였으며 제2차 세계대전이 끝난 후에『전체주의의 기원』을 완성했다.

그녀가 세계적인 명성을 얻게 된 계기는 **'아이히만 재판'**이라 할 수 있다. 나치스가 자행한 홀로코스트를 지휘한 아이히만에 대해 아렌트는 "그는 그저 자신의 직무에 충실했던 평범한 남자"라고 평가했다. 그리고 이 생각을『예루살렘의 아이히만』이라는 책으로 엮어서 발표했다. 이 일은 아이히만을 '악의 화신'이라 생각했던 많은 사람들, 특히 유대인 공동체로부터 노여움을 샀다. 이 때문에 여러

재판정의 아이히만

논쟁이 일었고, 매도에 가까운 비판에 부딪혔지만 아렌트는 자신의 주장을 굽히지 않았다. 이러한 일련의 사건은 2012년 〈한나 아렌트〉라는 영화로 만들어지기도 했다.

아렌트의 책은 '사회를 분석하는 일이란 무엇인가'에 대해 더할 나위 없는 본보기를 보여 준다. '사회'는 우리 눈앞에 있으면서도 여러 요소가 얽히면서 복잡하고 기괴한 양상을 보인다. 아렌트는 정교하고 빼어난 글로 '사회'를 분해하고 정확하게 분류해서 우리에게 보여 주었다. 이에 따라 이전까지 수수께끼로 남아 있던 사회현상들이 마치 캐리커처로 그려 낸 듯 뚜렷이 드러났다.

(54) 『야생의 사고』

서구중심주의를 뿌리째 흔들어놓은 책

클로드 레비스트로스 (1908년~2009년)
인류학을 연구하여 '구조주의'를 제창했다. 아카데미 프랑세즈
가 그를 회원으로 받자 논란이 일었고, 로제 카유아는 레비스트
로스 입회 축하 연설에서조차 구조주의를 비판했다.

'**구조주의**'라는 사고방식의 등장은 20세기 후반 유럽에 커다란 충격을 가져왔다. 이 이론에 따르면 문명 속에서 살아가는 유럽 사회의 수준이 야생에서 살아가는 브라질 정글 사회의 수준보다 우월하다고 결코 말할 수 없기 때문이었다. 구조주의의 시조인 레비스트로스는 "야만인이란 야만이라는 것이 있다고 믿는 사람들이다"라고 주장했다.

　구조주의는 이전까지의 가치관을 무효화하고 새로운 영역을 개척했다. 그것은 레비스트로스의 전문 분야였던 인류학을 뛰어넘어 다양한 분야로 퍼져 나가 각 분야에 커다란 영향을 미쳤다. 정신분석 분야에서는 자크 라캉, 문학비평 분야에서는 롤랑 바르트, 역사학 분야에서는 미셸 푸코, 마르크스주의 분야에서는 루이 알튀세

르, 발달심리학 분야에서는 장 피아제, 철학사 분야에서는 마르샬 게르 등이 구조주의에 영향을 받았다.

1955년 레비스트로스는『슬픈 열대』라는 책을 통해 아마존에 사는 사람들에 대해 기록했다. 그로부터 7년 뒤인 1962년에는『슬픈 열대』에서 제시한 사상을 철학적으로 발전시켜『야생의 사고』를 펴냈다. 이 책은 많은 독자들에게 놀라움을 가져다주었고, 구조주의의 발화점이 되었다. 이 책으로 인해 그전까지 사상계에 깊게 뿌리박혀 있던 '서구중심주의'는 철저히 비판받았다.

『야생의 사고』에서는 우선 미개인이라 불리던 사람들이 가진 식물이나 동물에 대한 지식을 분석한다. 비과학적 주술이라 치부해왔던 그들의 '지식'에 대해 레비스트로스는 이렇게 기술한다.

주술적 사고란 '인과율에 의한 대변주곡'이며, 그것이 과학과 다른 점은 인과성에 대한 무지나 경시에 있는 것이 아니다. 오히려 주술적 사고는 과학보다 강렬하게 인과성을 추구하며, 이는 과학의 관점으로 볼 때 지나치다거나 성급해 보일 정도다. 클로드 레비스트로스 『야생의 사고』

그에 따르면 과학은 인과율에 의한 결정론이고, 주술은 인과율만 가지고는 설명할 수 없는 결정론이다. 따라서 주술은 과학의 전 단계, 혹은 미개한 단계라고 볼 수 없다. 사물을 이해하는 서로 다른 태도일 뿐이다. 문명인의 사고는 추상의 과학이고, 미개인의 사고는 구체의 과학(신화적 사고)이다. 신화적 사고는 장인(브리콜뢰르)이 주어진 재료를 활용하여 지적인 손재주(브리콜라주)를 발휘하는 일이다. 그리고 이 과정을 통해 자연에 '기호'를 붙일 수 있다. 이러한 자연과의 대화는 우리가 살아가는 시대, 문명, 가능한 수단에 의해 규정된다는 점에서 과학자가 하는 일과 그다지 다를 바가 없다.

레비스트로스는 인류학이나 민족학에서 중요한 개념으로 여겨져 왔던 '토테미즘'에 대해서도 완전히 새로운 해석을 내놓았다. 이전까지 인류학에서는 '토템'이란 미개인이 그들의 선조와 관련 있다고 믿고 신성시하는 동식물 또는 자연물이었다. 대부분의 문명인과 서구인은 토테미즘을 이해할 수 없는 생각이라고 여겼다. 레비스트로스는 씨족들이 서로 다른 토템을 갖는 이유에 대해 그것이 사회집단의 차이를 상징하는 기초로 기능하고 있을 뿐이라고 설명했다. 토템이 갖는 의미는 씨족의 중요한 역사가 아니라 다른 씨족과의 차이를 드러내고자 하는 단순한 의미에 지나지 않는다는 말이다. 예를 들어 프로야구팀에 동물의 이름을 붙이는 것과 마찬가지다.
　그리고 그는 부족의 토템 성지 순례에 대해서도 다음과 같이 분석한다.

오스트레일리아에서 신입 교인이 장로의 인솔로 정기적인 성지순례를 떠나는 일은 우리 서구사회에서 괴테나 빅토르 위고의 유적을 답사하는 것과 크게 다르지 않다. 클로드 레비스트로스 『야생의 사고』

이 책이 새로운 사고방식의 시대가 왔음을 선포하는 책으로서 많은 사람들에게 알려지게 된 계기는 마지막 장에 나오는 사르트르 철학에 대한 비판에 있었다. 사르트르는 과거『변증법적 이성 비판』에서 인간이 만들어 낸 제도와 기구를 '실천적－타성태'라 부르며 부정했다. 이는 인류학(민족학)에 대한 부정으로 이어졌고, 사르트르의 철학과 구조주의적인 철학은 서로 정반대에 서서 대립하였다.『야생의 사고』에서 레비스트로스가 가한 사르트르 철학에 대한 치밀한 비판은 실존주의(사르트르)와 구조주의(레비스트로스) 사이의 논쟁에 불을 지폈다. 그리고 이 논쟁은 실존주의에서 구조주의로 시대의 흐름이 넘어가는 계기가 되었다.

레비스트로스는 "나는 여행과 탐험가를 싫어한다"고 말했다. 레비스트로스의 구조주의 인류학은 미지의 대상을 파헤치는 모험이 아니라 이미 존재하는 것이나 존재해 마땅한 것을 새로운 시각으로 발견하는 사상이었기 때문이다. 그러나 레비스트로스는 브라질 오지를 '탐험'하고, 전 세계를 '여행'하며 100세까지 살았다.

⑤⑤ 『에크리』

나는 타인 안에서 존재한다

자크 라캉 (1901년~1981년)
프로이트 연구를 통해 새로운 정신분석학을 확립했다. 라캉의
아내 실비아는 사상가 바타이유의 전처였으며, 영화 〈시골에서
의 하루〉의 주연 배우이기도 하다.

1931년 4월 18일 20시 30분, 프랑스 여배우 위게트 뒤플로가 생조르주 극장 앞에 도착했다. 그녀는 3일 전부터 상연 중이던 〈뚜바 비앙〉의 주연 배우였다. 극장으로 들어가려는 뒤플로의 앞으로한 여성이 다가왔다. 그리고 "당신이 위게트 뒤플로가 맞죠?"라 묻고는 핸드백에서 칼을 꺼내 들어 갑자기 뒤플로를 찌르려 했다. 뒤플로는 칼을 잡으며 저항했고, 이로 인해 손가락 두 개의 힘줄이끊어지는 중상을 입었다. 뒤플로를 살해하려다 미수에 그친 이의이름은 마르그리트 팡텐느. 38세 여성이었으며, 이전부터 줄곧 뒤플로가 자신을 괴롭히고 있다는 피해망상에 사로잡혀 있었다.

라캉은 파리의 생안느 병원으로 이송된 마르그리트를 연구하여1932년에 '에메'라는 가명을 붙이고, 그녀의 이야기를 학위 논문으

로 발표했다. 이 논문의 제목은 「인격과의 관계로 비춰본 망상증」이었다. 라캉은 이 논문을 통해 정신분석학자로서 학계에 첫발을 내디뎠고, 이 논문을 프로이트에게 보냈다. 프로이트는 라캉에게 감사의 엽서를 보냈다.

라캉은 '**프로이트로 돌아가라**'라는 표어를 내걸고 프랑스에 '파리 프로이트 학교'와 '프로이트 대의 학교'를 세웠다. 나아가 그는 **프로이트를 구조주의적으로 해석**함으로써 이를 발판으로 정신분석 분야에 새로운 지평을 열었다.

1966년 라캉은 『에크리』를 발표한다. 이 책은 이전까지 라캉이 펼쳐온 강의와 논문을 엮은 책이었는데 매우 난해했다. 《르 누벨 리테레르》라는 잡지에서는 이 책의 서평을 쓰며 "이 책의 프랑스어 번역본이 나온다면 독자들에게 추천하고 싶다"라고 비꼬기도 했다. 그러나 900페이지에 달하는 이 난해한 책은 20만 부가 팔리며 베스트셀러가 되었다.

프랑스어로 '에크리'는 단순히 '쓰다' 혹은 '적다'라는 뜻이다. 라캉 자신은 책을 출판하는 일에 그다지 관심이 없었으며, 그의 인생에서도 '자신이 쓴 저서'라 부를 수 있는 책은 이 책 한 권뿐이다(그의 제자가 라캉의 강의를 정리하여 펴낸 책이 있기는 하다).

라캉의 이론은 난해하기로 유명해서 구조주의 인류학을 주창한 레비스트로스조차 그의 강연을 듣고 "무슨 말인지 잘 모르겠다"고 불평하였다 한다.

미셸 푸코는 라캉의 난해성에 대하여 이렇게 이야기했다.

라캉 책의 난해성은 주체의 복잡성 그 자체이다. 그의 작업은 주체의 복잡성을 이해하기 위해 필요하기도 하지만 라캉 스스로를 위해서도 이루어야만 하는 작업이었다. 드니 베르톨레『레비스트로스 전』

라캉은 주체의 복잡성에 대해 인간이 자기 자신을 주체로서 인식하는 것은 '**거울 단계**' 때문이라고 해설했다. 유아는 자신의 신체를 각각 분리하여 인식하는데 '거울에 비친 자신의 모습'을 보고서야 비로소 하나의 신체로 인식하게 된다. 이 단계를 '거울 단계'라 부른다. 즉 인간의 정체성은 어디까지나 거울이라는 '타인' 안에 존재하고, 그 실체는 각각의 성격을 한데 모은 (얼핏 보면 그렇지만 보이지만 실은 구조를 가진다) 것이나 다름없다는 말이다. 이 '거울 단계'가『에크리』에서 라캉이 논하고자 하는 이론의 기초이다.

『에크리』는 많은 찬사를 받는 동시에 엄청난 비판도 함께 받았다. "이거 완전 엉터리구만!" 하며 책을 던져 버리는 사람도 많았다. 이러한 비판을 미리 예측이라도 한 것처럼 라캉은『에크리』의 첫 번째 논문「'도둑맞은 편지'에 관한 세미나」의 글머리에 주석을 붙이지 않은 채 독일어로『파우스트』에 나오는 세 문장을 적어 놓았다.

Und wenn es uns glückt,

Und wenn es sich schickt,

So sind es Gedanken

'운 좋게/맞아떨어지면/그것이 사상이다'라는 뜻인데, 이는 엉터리를 늘어놓아도 우연히 맞아떨어지면 그것을 '사상'이라 부른다는 의미의 풍자다.

괴테의 『파우스트』를 읽었다면 이 문장이 '마녀의 부엌'에 나오는 사역마들의 대사라는 것을 알 수 있을 것이다. 악마 메피스토펠레스가 이 대사를 평하며 "이 녀석들은 진정한 시인이다"라고 인정한 대목도 기억날 것이다.

얼핏 엉터리처럼 보이는 것에도 숨겨진 의미가 있다. 완전히 뒤죽박죽으로 나타나는 것처럼 보이는 무의식에도 언어와 마찬가지로 구조가 있다. 겉으로 드러나는 껍데기에 사로잡히지 않고 이를 이끌어내는 '구조'를 논함으로써 라캉은 '주체'의 배후에 있는 정체를 들추어냈다. 이는 프로이트가 그의 생애에 걸쳐 목표한 바이기도 했다.

이야기를 처음으로 되돌려서, 라캉의 학위논문의 사례가 된 '에메'와 라캉은 서로의 인생에서 연이 얽혀 있었다. 바로 '에메'의 아들이 라캉의 제자가 되었던 것이다. 이는 완벽한 우연이었고, 라캉과 그 제자는 그들이 '에메'라는 인물을 통해 서로 얽혀 있는 사이라는 사실을 한동안 눈치채지 못했다고 한다.

㉟ 『말과 사물』
인간은 역사적 맥락 속에서만 이해될 수 있다

미셸 푸코 (1926년~1984년)
포스트구조주의 철학자. 권력의 생성에 대하여 끊임없이 사유했으며, 권력에 대한 저항을 호소했다. 동성애자로 알려져 있다.

1966년 4월 두껍고 난해한 책 한 권이 출판되었다. 그리고 이 책은 마치 '모닝 빵처럼' 팔려 나갔다. 순식간에 이 책의 저자 미셸 푸코의 이름이 세상에 알려졌다.

『말과 사물』이라는 무미건조한 제목의 이 책은 푸코가 **대학교수들을 대상으로 쓴 책**이었다. 뒷날 그는 한 인터뷰에서 이 책에 대해 자신이 쓴 책 중 "가장 난해하고 가장 지루한 책"이라 평한 바 있다. 그러나 이 책은 아직 서평조차 나오기 전에 날개 돋친 듯 팔려 나갔고, 그 해에만 네 번이나 판을 거듭했다.

'인문과학의 고고학'이라는 부제에서 알 수 있듯 이 책을 해석하는 키워드는 '고고학'이다. 푸코는 고고학적 방법론을 통해 인간의 인식과 사고가 어떤 과정을 거쳐 변환해왔는지 추적한다.

사람들은 흔히 자신이 인식하거나 사고하는 형식이 고대로부터 쭉 이어져 내려왔다고 생각한다. 그러나 푸코는 아주 먼 옛날부터 존재해온 땅을 파다 보면 지층이 나타나듯, 인간의 인식이나 사고에도 지층과 같은 단층들이 있다고 설명한다. 그리고 그는 특정한 시대를 지배하는 인식의 무의식적 체계(고고학적으로 바꾸어 말하자면 지知층의 체계)를 '**에피스테메**'라 칭했다.

그는 될 수 있는 한 선입관을 배제하고 특정한 시대에 쓰였거나 만들어진 자료들로부터 에피스테메를 '발굴'하는 자세가 옳다고 생각했다. 즉 오늘날 우리가 생각하는 '지성'의 기원을 거슬러 올라가는 것이 아니라, **각 시대에 묻혀 있는 '인식知'을 그 상태 그대로 캐내듯** 에피스테메의 모습을 밝히려 했다.

그중 '인간'에 대한 에피스테메는 가장 잘 알려져 있다. 우리는 보통 '인간'이라는 개념이 먼 고대에서부터 아득한 미래인 인류 멸망의 날까지 변치 않고 계속 이어질 거라 생각한다. 푸코는 이러한 개념의 연속을 '고고학적' 방법으로 잘라 내어 그 단면들을 보여 준다.

먼저 그는 1부 1장에서 아름다운 문체로 디에고 벨라스케스의 1656년 그림 〈시녀들〉을 분석한다.

이 그림에 그려진 방 한가운데에는 '거울'이 있다.

그런데 이것은 그림이 아니라 거울이다. 그러니까 이것은 멀리 떨어져 있는 유화들에서와 마찬가지로 얄궂은 캔버스가 있는 전경傳經의 빛 속에서도 찾아볼 수 없었던 분신의 마법을 우리로 하여금 알아차리게 한다. 미셸 푸코 『말과 사물』

디에고 벨라스케스의 1656년 그림 〈시녀들〉

'거울'이 그림의 중심에 자리함으로써 그림 속 인물들의 '시선'은 착란한다. 흩어진 '시선'은 전체를 통일적으로 바라보는 주체로서의 '인간'의 부재不在를 보여 준다. 이러한 시선의 흩어짐은 휴머니즘이라는 '인간중심주의'가 생겨난 뒤에는 사라졌다.

푸코는 이와 같은 현상을 고전문학이나 박물학, 경제학 등을 '발굴'하면서 밝혀 나간다.

　휴머니즘이 유행한 건 19세기에 들어서면서다. 적어도 16~18세기까지 '인간'이라는 존재는 가볍게 여겨졌다. 인간보다는 '신'이나 '세계'나 세계를 구성하는 수많은 요소의 분류가 사고의 중심이 되었다.

인간이라는 개념은 19세기 초에 이러한 역사성들과의 상관관계 속에서 만들어졌다. 즉 모든 대상과의 관계 속에서 구성되었다. 스스로 휘감고, 스스로 늘어서게 함으로써. 더구나 고유한 법칙을 지키면서 자신의 근원에 있는 접근하기 어려운 동일성을 가리키는 그 모든 대상과의 상관관계 속에서 만들어진 것이다. 미셸 푸코 『말과 사물』

그리하여 20세기 후반에 들어서는 정신분석학에서도, 문화인류학에서도, 언어학에서도 '인간'이라는 개념은 세계의 중심에서 밀려나게 된다.

하지만 이는 인간을 종말로 이끄는 수작이 아닌가? 언어학은 정신분석이나 문화인류학과 마찬가지로 인간 그 자체에 대해 이야기하지 않기 때문이다. 미셸 푸코 『말과 사물』

이리하여 푸코는 『말과 사물』의 마지막을 다음과 같이 단언하며 끝을 맺는다.

지금으로서는 형태가 무엇일지도, 무엇을 약속하는지도 알지 못하는 어떤 사건에 의해 (……) 장담하건대 인간은 바닷가 모래사장에 그려놓은 얼굴처럼 사라지게 될 것이라 확신한다. 미셸 푸코 『말과 사물』

푸코는 1978년에 일본의 사상가 요시모토 다카아키와 『말과 사물』에 관한 대담을 나누었는데, 이 대담은 『세계인식의 방법』이라는 책으로 엮어졌다. 『말과 사물』을 읽기 전에 이 대담을 미리 읽어 두는 것도 『말과 사물』을 이해하는 데 도움이 되리라고 본다.

㊗ 『그라마톨로지』

이분법적 사고에서 벗어나는 것이 정의다

자크 데리다 (1930년~2004년)
포스트모던의 대표적 철학자. 서양철학의 해체와 탈구축을 주장한 그의 비판은 많은 논의를 불러일으켰다. 본명은 자키 데리다이다.

이렇게 말하면 농담처럼 들릴지도 모르겠지만, 자크 데리다는 **정의**正義**의 철학자**다. 여기서 말하는 정의란 정치가나 사상가가 말하는 '정의'가 아니라 오히려 만화영화에 나올 법한, 아이들이 곧잘 믿는 '정의'에 가깝다.

그렇다면 여기서 말하는 '정의'란 과연 무엇인가. TV에 등장하는 '정의의 사도'에 빗대어 이해해 보자.

먼저 '정의의 사도'는 **정의를 위해 변신**한다. 왜 변신하는가? 정체를 감추기 위해서다. TV를 보고 있는 시청자는 '정의의 사도'의 정체를 알고 있지만 '정의의 사도'가 사는 세계에서는 그의 정체가 드러나 있지 않다. 변신은 '정의의 사도'가 누구인지 알 수 없게 하고, 정체불명의 존재로 등장하게 한다. '정의의 사도'란 그 정체를 밝혀낼 수 없기에 아포리아(해결할 수 없는 어려운 문제)이며, 그와 직면하는 일은 '불가능한 일에 대한 경험'이 된다. '정의의 사도'는 변신을 함으로써 평소 사용하던 '이름'을 벗어던지고, 고유명사를 붙이는 원原에크리튀르에 따른 폭력을 피할 수 있다. 이리하여 '정의의 사도'는 모두가 알고 있는 듯하면서도 정확한 정체를 알 수 없는 존재인 '타인'이 되어 나타날 수 있게 된다.

그렇다면 '정의의 사도'가 맞서 싸우는 대상은 무엇인가? 그 대상은 세계 정복이 목표인 무리들이다. 이 무리는 그들이 원하는 무언가를 '중심'으로 세계를 고쳐 쓰려 한다. 이들은 로고스 중심주의든, 음성 중심주의든, 자민족 중심주의든 어떤 사상을 중심으로 두고 세계를 그 위에 구축하고자 한다. 정의의 사도에게 '정의'는 이를 무력화시키는 일이다.

여기서 무리는 제대로 조식된 집단이다. 이러한 집단은 '법'에 의거해야만 만들 수 있다. '법'이란 프랑스어로 '지배'나 '권력'을 뜻하기도 한다. '법'에 의해 조직된 집단은 자신들을 정당화하는 권위를 가지며, 그 권위의 근원인 폭력을 추구한다. '법' 그리고 법에 의한 '지배'나 '권력', 나아가 '질서'에 맞서서 그것들을 모두 무력하게 만드는 것이 '정의'가 하는 일이다.

무리의 등장은 세계에 대립을 일으킨다. 스스로 '적'이냐 '아군'이냐를 둘러싸고 세계를 나눌 뿐 아니라, 모든 가치관에 이항대립을 부여한다. 이렇게 함으로써 세계에 형이상학적인 계층적 질서를 가져온다.

　내부/외부, 자기/타자, 동일성/차이, 본질/외관, 진리/거짓, 선/악이 그 이항대립적 질서다. 무리의 등장으로 세계는 갈라지고, 세상에 '악'이 피어나고 '선'이 생겨난다.

　어느 쪽이 옳은지 그른지와 상관없이 이런 단순한 이항대립으로 세계를 가르고, 그 대립항으로 분류되지 않는 '타자'를 배제하려는 의도야말로 '정의'와 양립할 수 없다. 왜냐하면 '정의의 사도'는 세계에 있어서 '완전한 타자'이기 때문이다.

　데리다는 『그라마톨로지』에서 **"정의란 탈구축이다"**라고 주장한다. 탈구축은 앞서 이야기한 '중심'이나 '법', '이항대립', 나아가 그로부터 발생하는 '폭력'을 없애는 것을 의미한다. 이 책은 독자를 문구점에서 파는 변신 장난감이 아니라 진정한 의미에서 '정의의 사도'로 변신시킨다.

　데리다는 이 책에서 문자언어인 '에크리튀르'의 분석과 '그라마톨로지(문자학)'에 의거해 루소나 소쉬르의 언어론, 나아가 레비스트로스의 구조주의 인류학을 도마에 올림으로써 탈구축을 어떻게 구사하는지 보여 주었다.

　우리가 이 책에서 발견할 수 있는 것은 해석을 추구하는 의미의 집합이 아니라 언어를 써서 세계로부터 '폭력'을 도려내는 능숙한 솜씨다.

　데리다가 사용하는 언어는 **의미가 아닌 그 '사용'에 의해서만 존재한다**. 데리다는 탈구축을 위해서는 언어를 어떠한 기능으로 사용해야 하는지, 같은 단어의 의미를 계속해서 연기延期하는 '차연差

延[차이와 연기를 아울러 이르는 말. 존재자가 자기 자신으로 현전現前할 때에는 반드시 자기 자신과의 차이나 시간적 갭(연기)이 발생한다는 것을 말하기 위해 데리다가 만든 조어. 즉 '자기'는 그 기원부터 자기동일적인 자기 자신이 아니고, 이미 자기와의 간격, 지연遲延이 있다고 하는 인식을 나타내고 있다. 데리다는 이 단어를 써서 서양철학의 전통의 중심에 있는 자기동일성의 전제를 철저히 비판했다-옮긴이]'이라는 방법을 통해 '정의'의 본보기를 우리에게 보여 준다. 그래서 데리다의 책을 읽으면 어떤 책을 읽어도 마치 TV 앞에 앉은 아이가 된 듯 흥분을 느끼게 된다.

동양편

58 『우파니샤드』

인도 철학의 정수

성립 연대 불상 (기원전 7세기경~?)
인도의 종교적 가르침의 형식을 띤 철학.

인도의 매력에 사로잡힌 사람들이 많다. 21세기에 들어 인터넷의 발달로 정보교환의 속도가 빨라지고, 수많은 사람들이 컴퓨터 관련 회사에서 일하게 되었음에도 인도의 매력은 여전하다.

많은 이들은 인도가 가진 매력의 뿌리를 '유구한 역사'에서 찾지만, 사실 그것보다는 인도가 고대부터 변함없이 품어온 한 '철학'에 그 매력의 뿌리가 있다고 본다. 인도가 '우파니샤드'라는 이름으로 오랫동안 품어온 이 '철학'은 오늘날에도 살아 숨 쉬고 있으며 인도 사회의 밑바탕을 이룬다.

우파니샤드란 '가까이 앉음'이라는 뜻으로 스승에게 가까이 앉아 경전의 가르침을 물려받는다는 의미로 지어진 이름이다. 우파니샤드는 브라만교를 모체로 하여 생겨났지만, 시간이 흐름에 따라 브라만교마저 초월한 존재가 되었다.

일본 불교는 오랫동안 본래의 불교와는 다른 길을 걸어왔다. 오히려 그 본바탕은 브라만교에 가깝다는 설도 있다. 브라만교의 가르침은 일본에 잘 알려지지 않았지만, 브라만교의 신들은 꽤 정착되어 있다. 제석천, 아수라, 염마, 변재천 등이 모두 브라만교의 신이다. 이는 불교를 경유하였기에 가능한 일이었다.

브라만교는 힌두교의 전신이고, 흔히 불교가 탄생하기 이전의 인도 신앙을 가리킨다. 그 가르침은 오늘날까지 인도에 전해 내려오고 있으며, 브라만교의 가르침을 이은 베단타 학파는 인도에서 가장 큰 철학파이기도 하다.

브라만교의 경전은 '지혜'라는 뜻을 가진『베다』이다. 그 안에는 신에게 받치는 찬가나 제문만이 아니라 백과사전적인 내용도 담겨 있다.『리그베다』,『아유르베다』등이 유명하다.

많은 베다 중에서 마지막 지혜로 꼽히는 베다가 바로 가장 중요한 베단타, 즉『우파니샤드』다.

『우파니샤드』가 만들어진 시기는 특정할 수 없다. 대략 기원전 700년부터 200년에 걸쳐 만들어진 고古우파니샤드와 기원후에 대량으로 만들어진 신新우파니샤드로 나누어져 있다.『우파니샤드』는 인도의 철학자인 샹카라에 의해 해석되었고, 인도 고유의 철학으로서 체계화되었다.

『우파니샤드』의 중심을 이루는 개념은 브라만과 아트만이다.

브라만은 범, 범천, 상방범천이라고도 쓰고, 우주의 근본원리를 나타낸다. 그러나 **브라만의 본뜻은 '말'이다.** 여기서 '말'은 단순히 일상생활에서 쓰이는 말이 아닌 제사를 지낼 때 사용하는 말이다. 보통 토착 종교에서 제문은 신을 섬기고 경배하기 위해 쓰이지만, 브라만에서 '말'은 신을 생각하고 찾기 위한 언어이다. 도리어 '말'이 곧 신이다. 신약성서에 나오는 "말씀은 곧 하느님"이라는 대목을 떠올리게 한다.

아트만은 나, 자아라 쓰이지만 본래는 '숨', '들숨', '날숨', '호흡'이라는 뜻이다. 독일어로 아템Atem도 숨을 뜻하는데, 아트만과 같은 어원을 갖고 있을지도 모른다는 의견도 있다. 그리스어로 프시케Psyche는 숨을 의미하는 동시에 혼이나 마음을 뜻하기도 한다. 아니마Anima라는 라틴어도 공기와 숨이라는 뜻과 더불어 영혼이라는 뜻도 있다. 일본어 '이노치命'도 숨의 영혼이 어원이라는 설이 있다.

『우파니샤드』에서 **브라만과 아트만은 같은 개념**이나. 『우파니샤드』에서는 수행을 통해 자아와 세계를 하나로 만들어 범아일여梵我一如의 경지에 이르는 것을 목표로 하지 않는다. 본디 자아와 세계는 같은 개념이라고 여기기 때문이다. 이러한 생각은 아마도 제사에서 제문을 읽는 '소리'에서 유래됐으리라. '말'과 '숨'이 같이 나타나면 목소리가 되는데, 이는 곧 '성스러운 소리'다. 그리고 이 소리는 세계 그 자체를 나타낸다.

그러나 시대가 바뀌며 브라만교의 제사 지상주의를 비판하는 목소리가 높아졌고, 브라만교가 갖는 사상적 중요성은 희미해져 갔다. 결국 브라만교의 신들조차 불필요한 존재라며 비난받게 된다. 신들이나 제사 없이 **근본원리인 브라만과 아트만**을 이해하는 것으로 충분했기 때문이다.

'성스러운 소리'는 브라만(말)과 아트만(숨)으로 나뉘고, 각각 '우주'와 '내'가 된다. 숨에는 쁘라나prāṇa라는 별칭이 붙어 아트만과는 다른 개념으로 다루어진다.『우파니샤드』를 제사에서 제문으로 쓰기보다 그 내용을 해석하는 일을 더 중시해서 '철학'으로서 존재 의의가 단단해졌다.

『우파니샤드』철학은 전 세계에 영향을 미치고 있다. 미국 철학자 랄프 왈도 에머슨은『우파니샤드』를 찬양했고, 그의 초월주의 철학이『우파니샤드』에서 영감을 받았다고도 알려진다.『월든』의 저자 소로우 또한 에머슨에게 영향을 받아서『우파니샤드』를 즐겨 읽었다고 한나.

59 『손자병법』
싸우지 않고 이기는 법

손무 (시원전 535년경?~?)
중국 춘추시대에 활약했던 인물로서 오늘날에도 많은 가르침을
주는 병법서를 썼다.

'전쟁이란 무엇인가'에 대해 세계에서 가장 먼저 고찰해 책으로 남
긴 사람이 바로 손무(손자)다. 그가 쓴 병법서『손자병법』에 나오는
전략들은 오늘날에도 두루 쓰이고 있다. 그는 전쟁이라는 혼돈의
시간이 다가오면 다급해져서 놓치기 쉬운 일들을 침착하고 정성
스럽게 기록해 두었다. 전쟁에서 이기는 일보다 더 중요한 일은 될
수 있는 한 전쟁을 하지 않는 일이라는 말도 잊지 않았다.

한편에서는『손자병법』이 사실 또 다른 중국의 병법서인『손빈병
법』과 같은 책이라는 설이 존재했다. 그러나 1972년 4월 중국 산
둥성 린이현 인췌산 한나라 무덤에서 대량의 죽간이 발견되면서
『손자병법』과『손빈병법』은 서로 다른 저자가 쓴 책이라는 사실이

죽간에 적힌 「손자병법」

밝혀졌다. 『손자병법』은 춘추시대에 '손무'가 쓴 병법서가 확실하며, **전국시대에 손빈이 쓴 『손빈병법』과는 다르다**는 사실이 확인된 것이다.

손무에 대한 이야기는 그리 많이 전해지지 않는다. 사마천이 쓴 『사기史記』의 '손자오기열전孫子吳起列伝'에 짧은 에피소드가 기록되어 있을 뿐이다. 그 내용은 다음과 같다.

어느 날 춘추시대 말기 오나라의 왕 합려闔閭는 손무를 불러 병법가로서 그가 가진 능력을 시험한다. 왕의 명령으로 왕궁의 궁녀들이 모였고, 손무는 왕 앞에서 이들에게 '군사훈련'을 하게 되었다. 손무는 궁녀들에게 군사명령을 되풀이하여 설명한 후, 명령을 듣지 않는 자들에게는 사형이 내려질 거라 말했다.

하지만 막상 군사훈련이 시작되자 궁녀들은 웃기만 할 뿐 좀처럼 명령을 들으려 하지 않았다. 그러자 손무는 "군사명령이 명확하지 않다면 이는 장수의 죄가 되지만 군사명령이 명확함에도 병사가 움직이지 않는 일은 부대장의 죄다"라고 말하며 부대장 역을 맡았던 두 궁녀의 목을 치도록 명한다.

왕은 당황하여 "이것으로 되었으니 두 궁녀의 처형 명령을 거두도록 하라"라며 그를 말렸다. 그러나 손무는 "이미 왕의 명령을 받들어 군을 지휘하고 있사온데 장군이 되어 군을 지휘하는 데 있어 왕의 새 명령을 따를 수는 없사옵니다" 하고 단호히 거절하며 누 사람의 목을 베었다. 그리고 다시 군사명령을 내리자 궁녀들이 전과는 눈에 띄게 달라진 태도로 빠릿빠릿하게 움직였다.

『손자병법』은 총 13편으로 이루어져 있다. 『한서』의 '예문지'에 따르면 당시 '오손자병법吳孫子兵法 82편'과 '제손자병법齊孫子兵法 89편'이 있었다고 한다. 오손자병법은 손무가, 제손자병법은 손빈이 쓴 것으로 오손자병법의 핵심을 13편으로 정리한 병법서가 지금까지 전해져오는 『손자병법』이다. 『한비자』에 따르면 『손자병법』은 전국

시대부터 한나라 때까지 이미 13편으로 만들어져서 "집집마다 한 권씩 있을 정도"로 널리 퍼졌다.

손무는 『손자병법』에서 병법을 설명하고 있으나, 그의 사상은 "싸우지 않고" 이기는 것을 최선으로 여겼다.

百戰百勝, 非善之善者也, 不戰而屈人之兵, 善之善者也
백 번 싸워 백 번 이기는 것이 최선이 아니다. 싸우지 않고 적을 굴복시키는 것이 최선이다. 손무 『손자병법』(모공편)

그렇다면 싸우기 전에 승리하기 위해서는 뭘 해야 하는가.

上兵伐謀, 其次伐交, 其次伐兵, 其下攻城
최고의 전법은 적의 계책을 깨뜨리는 것이고, 그다음은 적의 외교를 끊는 것이고, 그다음이 적의 군대를 공격하는 것이며, 가장 좋지 않은 방법은 적의 성을 공격하는 것이다. 손무 『손자병법』(모공편)

그는 적을 공격하지 않고 싸움에서 이기기 위해서는 첩자를 두어야 한다고 권한다.

成功出於衆者, 先知也
남들보다 먼저 성공하는 방법은, 적의 실정을 미리 아는 것이다. 손무 『손자병법』(용간편)

손자는 이렇게 함으로써 국가를 평안하게 유지할 수 있다고 이야기한다.

知彼知己 百戰不殆
적을 알고 나를 알면, 백 번을 싸워도 위태롭지 않다. 손무 『손자병법』
(모공편)

『손자병법』은 전 세계로 뻗어 나갔다. 일본에서는 전국시대의 무장 다케다 신겐이 이 책에 감명받아 '풍림화산風林火山('바람처럼 빠르게, 숲처럼 고요하게, 불길처럼 맹렬하게, 산처럼 묵직하게'라는 뜻−옮긴이)'을 자신의 군대를 상징하는 캐치프레이즈로 만들었다. 나폴레옹 역시 유럽에서 번역된 『손자병법』을 읽었다는 이야기가 있다.

『논어』
공자, 인간의 길을 말하다

공자 (기원전 552년 ~ 기원전 479년)
유교의 창시자. 수많은 제자를 양성해 유학의 가르침을 전했다.
중국이 갖춰야 할 덕목을 확립하기도 했다.

유교는 신이 없는 종교이며 공자가 남긴 말을 신앙의 대상으로 삼는다. 유교의 진수는 철저한 자기비판에 있다. 그리고 철저히 자신을 비판하는 일은 필연적으로 국가를 향한 비판으로 연결된다. 철저한 자기비판을 바탕으로 하는 국가 비판이므로 권력을 가진 쪽에서도 이를 간단하게 무시할 수는 없다. 이것이 중국뿐 아니라 한국과 일본에서도 정치가들을 골치 아프게 만들었다. 진나라 시황제가 '분서갱유焚書坑儒'를 행한 것도 이 때문이었다.

공자라는 이름은 존칭으로 본명은 공구孔丘라 하고, 자字는 중니仲尼다. 그는 노나라 추읍(산둥성 취푸현 동남쪽)에서 태어났다고 전해진다. 가난한 환경에서 자랐지만, 공부를 잘하고 비범한 재능을 보였

공자

다. 결국 서른 살이 넘어서 노나라와 제나라에서 정치 활동을 하기에 이른다. 여기서 말하는 정치 활동이란 정치가나 국왕에게 자신이 생각하는 **이상적인 국가에 대해 설명**하는 일이었다. 그러나 공자의 의견이 받아들여지는 일은 많지 않았으며, 한때는 정계에서 물러나 학문에 전념하여 많은 제자를 길러 냈다.

50세가 넘어서야 노나라 중도재(지금의 시장 같은 지방 수령)의 지위에 오른 공자는 토목을 담당하는 사공, 사법을 담당하는 대사구를 거쳐 56세에는 대신이 되어 국정에 참여하였다.

공자의 정치적 활약으로 노나라의 국력이 강해지자 이를 불안하게 여긴 제나라의 모략으로 공자는 실각하고 만다. 이로 인해 공자는 노나라를 도망쳐 여기저기 떠도는 신세가 된다.

68세에 그는 노나라로 돌아와 서적의 정리와 제자 교육에 전념하며 여생을 보낸다. 그에게 가르침을 받은 제자의 수가 3000명이 넘는다는 이야기도 전해진다.

『논어』는 공자가 숨을 거둔 후 그의 제자들이 그의 언행을 기록하여 정리한 책이다. 모두 512장의 언행이 20편으로 나뉘어 있다. 각 편에서 잘 알려진 문구를 다음과 같이 정리해보았다.

1. 학이学而
學而時習之, 不亦說乎
배우고 때때로 그것을 익히면 이 또한 기쁘지 않은가.

2. 위정爲政

吾十有五而志於學, 三十而立, 四十而不惑

나는 열다섯에 학문에 뜻을 두었고, 서른에 자립하였고, 마흔에 이르러 미혹되지 않았다.

3. 팔일八佾

君子無所爭

군자는 경쟁하는 일이 없다.

4. 이인里仁

朝聞道, 夕死可矣

아침에 도道를 깨달으면 저녁에 죽어도 좋다.

5. 공야장公冶長

吾未見能見其過而 內自訟者也

나는 아직 자신이 저지른 잘못을 깨닫고 스스로를 반성하는 사람을 아직 보지 못했다.

6. 옹야雍也

知之者不如好之者, 好之者不如樂之者

아는 사람은 좋아하는 사람만 못하고, 좋아하는 사람은 즐기는 사람만 못하다.

7. 술이述而

子不語, 怪力亂神

공자는 괴이한 일, 힘을 자랑하는 일, 정도를 어지럽히는 일, 그리고 귀신에 대해서는 말씀하지 않으셨다.

8. 태백泰伯

興於詩, 立於禮, 成於樂

시를 통해 감흥을 얻고, 예절로 바른 사람이 되며, 음악으로 인격을 완성한다.

9. 자한子罕

逝者如斯夫 不舍晝夜

흘러가는 것이 냇물과 같아 밤낮으로 멈추지 않는구나.

10. 향낭鄕党

君命召,不俟駕行矣

임금이 명하여 부르면 수레에 멍에를 매기도 전에 떠났다.

11. 선진先進

未能事人, 焉能事鬼

아직 사람도 제대로 섬기지 못하면서 어찌 귀신을 섬길 수가 있겠느냐?

12. 안연顔淵

四海之內, 皆兄弟也

온 세상 사람들이 모두 형제이다.

13. 자로子路

其身正, 不令而行, 其身不正, 雖令不從

몸가짐을 바르게 하면 명령하지 않아도 행할 것이나, 몸가짐이 바
르지 않으면 명령한다 해도 따르지 않을 것이다.

14. 헌문憲問

君子上達, 小人下達

군자는 위로 통달하고, 소인은 아래로 통달한다.

15. 위영공衛靈公

己所不欲, 勿施於人

자기가 하고 싶지 않은 일은 남에게도 시키지 말아야 한다.

16. 계씨季氏

不患寡而患不均

백성의 수가 적은 것을 근심하지 말고, 백성의 형편이 고르지 못함
을 염려한다.

17. 양화陽貨

巧言令色, 鮮矣仁

교묘한 말과 얼굴빛을 꾸미는 사람치고 어진 사람이 드물다.

18. 미자微子

四體不勤, 五穀不分, 孰爲夫子

몸이 성하면서도 일하지 않고, 오곡을 분별할 줄도 모르는데 누구
를 선생이라 하겠는가?

19. 자장子張

君子有三變

군자는 세 가지 다른 면모가 있다.

20. 요왈堯曰

四海困窮, 天祿永終

온 세상이 곤궁해지면, 하늘이 베푼 녹봉도 영원히 끝날 것이다.

**공자의 사상은 중국을 비롯한 아시아 전역에 퍼졌으며, 유럽까지
영향을 미쳤다.** 계몽사상가 볼테르는 침실에 공자의 초상화를 두
기도 했다고 한다.

⑥① 『노자』

무위로 다스리는 나라

이이 (? ~?)
중국 고대의 사상가. '도가'의 시조로 일컬어진다.

『노자』는 **'도교'의 근본 교리**로 알려져 있다. 작자도 쓰여진 시기도 확실히 알려진 바가 없다. 『노자』의 저자로 알려진 노자가 실제로 존재하였는지에 대해서도 다양한 견해가 있으며 여러 사람이 『노자』의 저술에 참여했다는 설도 강하게 자리하고 있다.

『사기』의 '노장신한열전'에 따르면 노자의 성은 이李이며 이름은 이耳, 자는 담聃으로 초나라 고현 여향 곡인리에서 태어났다고 전해진다. 그는 주나라 수장실에서 왕실 서적을 관리했다. 『사기』에는 공자가 노자를 찾아가 '예禮'에 대한 가르침을 받았다고 기록하고 있다.

노자는 주나라가 쇠퇴해가는 것을 보고 나라를 떠나며 문지기에게 5000자가 넘는 책을 써 주었다. 이 책이 후대에 전해져 『노자도

노자

덕경』, 우리가 흔히 말하는 『노자』가 되었다.

『노자』는 상편 「도경」 37장, 하편 「덕경」 44장으로 이루어졌다.

노자는 '작은 나라 작은 백성'을 뜻하는 **소국과민**小国寡民'을 이상적인 국가상으로 삼았고, 정치적으로는 '정치가가 무엇을 하려 하지 않아도 자연스럽게 다스려진다'는 뜻으로 **'무위**無爲**에 의한 정치'**를 제일 좋은 정치라 여겼다.

성인聖人이라 불리는 사람들은 사실 어질지 아니하여 "민중을 희생양으로 삼는다"라고 꼬집었다.

• 노자라는 인물

노자老子라는 이름은 그가 어머니 뱃속에서 80년을 살다가 백발이 성성한 늙은 노인의 모습으로 태어났기 때문에 붙여진 이름이라고 한다. 그는 태어나자마자 옆에 있던 오얏나무를 가르키며 자신의 성을 오얏나무를 뜻하는 이李씨로 정해달라고 청했다 한다. 남달리 유독 큰 귀를 가졌기 때문에 이름이 이耳가 되었다는 이야기도 전해진다. 노자의 인생에 대한 상세한 기록은 거의 찾아보기 힘들다. 그러나 많은 전설 속에서 노자로 추정되는 인물들이 거론된다. 중국 설화집 『태평광기太平廣記』에 따르면 이중이李重耳라는 이름을 가진 초나라 고현 곡인리 사람이 노자라고도 전해진다. 『사기』의 '신한노장열전'에는 전국시대 인물인 태사담太史儋이 노자일 가능성에 대해서 언급한다. 이 글 때문에 노자를 한나라 이후에 만들어진 가상의 인물로 보는 사람들도 있었다. 그런데 기원전 3세기 초 이전에 간행된 것으로 추정되는 『노자』 사본이 발

굴되면서 태사담 설은 힘을 잃었다. 최근에는 노자의 성이 노老라는 설도 나오고 있다.

•『노자』라는 책과 수많은 판본

『노자』는『노자도덕경老子道德經』또는『도덕경』의 줄임말이다. '도덕'이라는 말은 상편의 '도가도비상도道可道 非常道'의 '도道'와 하편의 '상덕부덕上德不德'의 '덕德'을 합쳐 부른 것이다. 이 책에는 만물의 근원인 '도'란 무엇인지, 도를 추구하는 인간은 어떤 모습인지 등 노자 사상의 정수가 모두 담겨 있다.『노자』의 중심 사상은 무위無爲 사상이다. 이는 도덕이나 규율에 따라 인위적으로 백성을 지배하려는 유가와 비교된다.『노자』는 오랜 세월에 걸쳐서 많은 편집과 변형을 거치며 기원전 4세기경에 지금과 같은 형태가 되었다고 한다. 여러 가지 판본이 전해져 오는데 가장 대표적인 판본으로는 한나라 때 하상공河上公이 주석한 하상공본과 위나라 때 왕필王弼이 주석하였다는 왕필본의 두 가지가 있다. 오늘날에도 여러 곳에 흩어져 있는 도덕경비道德經碑는 노자의 경문을 살펴보는 데 좋은 자료가 되고 있다. 특히 현대에 들어 후난성 창사의 한묘漢墓에서 출토된 백서노자帛書老子와 색담사본도덕경索紞寫本道德經은『노자』의 옛 형태를 엿볼 수 있는 중요한 자료다.

⑥② 『장자』

도를 깨우치면 자유에 이른다

장주 (기원전 370년 ~ 기원전 300년경?)
유교에 대항하여 도교라는 또 다른 종파를 만들었다.

『장자』의 저자 장자의 본명은 장주莊周, 자는 자휴子休이며, 송나라 몽(지금의 허난성 상구현) 사람이다. 대략 기원전 370년에서 300년경에 활동했다고 전해진다. 칠원漆園이라는 곳의 관리로 일하며 학문을 닦았으며, 그의 평판을 들은 초나라 왕이 재상 자리를 맡아 달라고 부탁하였으나 거절했다고 한다.

『장자』는 현재 모두 33편으로 이루어져 있다.

『한서』 '예문지'에는 52편이라 기록되어 있으며, 『사기』 '본전'에는 장주의 저작이 10만 마디 남짓 된다고 나와 있다. 현재 출판되고 있는 『장자』는 서진西晉의 곽상郭象이 52편에서 나머지 부분을 편집하여 다시 엮은 것이다.

7편의 내편, 15편의 외편, 11편의 잡편 중에서 내편이 가장 오래되었다고 추정되며 그중에서도 '**제물론**'과 '**소요유**' 두 편이『장자』의 핵심이다.

외편과 잡편은 내편의 응용이고, 전국시대 말부터 한나라 초기에 걸쳐 장자 학파가 보충하여 쓴 내용으로 보인다.

장자 사상과 노자 사상을 하나로 묶어 '노장'이라 분류되는 일도 종종 있는데, 실제로 책을 읽어보면 두 사상에 꽤 차이가 있음을 알 수 있다.

두 사상의 공통점은 세계의 바탕으로서 '도道'의 개념을 사용하고, 절대적인 존재인 '도'를 깨우쳐 행함으로써 참된 인간성을 회복할 수 있다고 가르친다는 점이다.

장자는 '제물론'에서 '도'의 절대성을 알고 나면 어떠한 것에도 구애받지 않는 절대 자유의 경지에 이를 수 있다고 하였다.

나아가 '소요유'에서는 지인至人이라는 초월자의 경지를 묘사하였는데 인간적 작위를 버리고 천지자연의 이치에 맡겨 순리대로 의지하여 따르는 일, 즉 '인순因循'하는 것이 바른길이라고 하였다.

이처럼 '도'를 따름으로써 고뇌로부터 해탈할 수 있다고 주장한 장자는 무엇이든 있는 그대로 받아들이라는 노자보다 인간 존재에 더 적극적으로 개입한다고 말할 수 있다.

한자 연구의 권위자인 시라카와 시즈카白川靜 교수는 장자의 사상이 의외로 유교, 그것도 공자의 제자였던 안회顔回의 사상과 연관성이 있다고 보았다.

오늘날 '노장'의 사상은 모두 도교에 도입되었으며, 두 사람 다 신격화되었다. 주로 화교華僑들이 도교를 신앙으로 삼는 경우가 많은데, 세계 여기저기의 차이나타운에 도교의 사원인 도관이나 사당이 갖추어져 있다. 노자는 나라를 떠났고, 장자는 관직 제안을 뿌리쳤다. 국가를 무겁게 여기지 않는 절대 자유 사상은 국경을 넘나들며 활동하고 있는 화교들에게 자연스레 스며들었으리라 본다.

21세기 글로벌 사회에서는 도교의 이런 자유로운 생각의 원리가 더 유용할지도 모른다.

• 초나라 왕의 부탁을 거절한 장자

초나라 위왕이 장자를 재상으로 맞아 예물을 들고 장자를 찾아갔다. 그러자 장자는 "천금天金은 대단히 귀하고 재상은 최고의 자리겠지요. 그러나 축제의 제물이 되는 소를 보시오. 오랜 세월 맛난 음식으로 길러지다가 황금과 비단으로 장식되어 결국에는 제단에 끌려갑니다. 차라리 방목된 돼지가 낫구나 하고 생각해도 이미 늦었습니다. 나는 자유를 속박당하느니 진흙탕 속에서 놀고 싶습니다. 마음 내키는 대로 살고 싶습니다"라고 거절했다.

• 『장자』라는 책과 그 사상

『장자』는 장자의 사상을 집대성한 저서이다. 『남화진경南華眞經』이라고도 하며 내편은 장자가 직접 썼고 외편과 잡편은 후에 다른 학자에 의해 저술된 것으로 추측된다. 『장자』는 대상을 풍자하거나 비판하는 우언우화寓言寓話의 형식으로 쓰였는데, 우주본

체의 근원이나 물아일체物我一體의 경지인 '물화物化'를 설명하였고, 약삭빠른 지식인을 경멸하기도 하였다. 『장자』의 기본 사상은 노자와 마찬가지로 있는 그대로의 무위자연을 바탕으로 하며 인위를 멀리하고 꺼리는 것이다. 그러나 노자는 정치색이 짙은 데 비해 장자는 철저하게 속세를 떠나 무위의 세계를 노닌다는 차이점이 있다.

『맹자』

'선'은 인간을 움직이는 힘이다

맹가 (기원전 372년~기원전 289년)
전국시대 중국에서 여러 나라를 돌며 유교의 가르침을 해설했
다. '성선설'을 주장한 것으로 알려져 있다.

'인의仁義'라는 말이 있다. 일본에서는 이 단어를 들으면 많은 사람
들이 야쿠자 영화를 떠올린다. 〈인의 없는 전쟁〉이라는 영화도 있다.
'인'과 '의'를 아울러서 **인의 라고 부르기 시작한 사람은 맹사나.**
공자 말씀에서는 '인'과 '의'를 함께 두지 않고 각각 다른 의미를 가
진 독립된 형태로 쓰였다. 시라카와 시즈카 교수는 이런 면에서
"맹자가 반드시 유가의 정통은 아니다"라고 지적했다.

맹자는 추(지금의 산둥성 쩌우청시 일대) 출신으로 이름은 가軻라 했다.
『맹자』의 머리말을 보면 맹자의 자字는 명확하지 않다고 기록되어
있다. 그는 중국 전국시대에 태어났다. 공자에게 직접 가르침을 받
지는 않았지만 공자의 가르침을 접하고 그를 본받아 학문을 닦았

鄒國亞聖公
孟軻

맹가

요약의 신이 떠먹여 주는 인류 명저 70권

다고 스스로 말한 바 있다.

맹자는 뒷날 유교에서 공자를 잇는 인물로 평가되었으며, 유교는 '공맹의 가르침'이라 불리기도 한다. 성인聖人인 공자를 잇는 사상가라 하여 맹자를 아성亜聖이라 일컫기도 한다.

그의 가르침은 인의를 왕도의 주춧돌로 삼아야 하며, **인간의 본바탕은 선**善이라는 이상을 내세우고 있다.

'양혜왕장구'에서 혜왕이 "장차 내 나라를 이롭게 해 주시겠지요?亦將有以利吾國乎"라고 묻자 맹자는 "인과 의가 있을 뿐입니다亦有仁義而已矣"라고 답한다. 그리고 이익만을 생각하는 자세는 국가를 위태롭게 만든다며 나무란다.

또한 누가 중국의 통일을 이루는가 하는 물음에는 "사람 죽이기를 좋아하지 않는 자가 천하를 통일할 수 있을 겁니다不嗜殺人者能一之"라고 대답하며 살인을 일삼는 전쟁을 궁극적으로 부정한다.

고매한 이상주의 때문이었을까? 아니면 순자 같은 사상가들로부터 혹독한 비난을 받았기 때문이있을까? 그것도 아니라면 역시 유가의 정통적 사상에서 벗어나 있었기 때문이었을까? 맹자의 사상은 당나라 시대까지 1000년에 가까운 시간 동안 주목을 크게 받지 못했다. 그의 사상이 재평가된 계기는 당나라의 사상가 한유韓愈가 그의 정교한 글에 매료되어 그의 가르침을 배우고자 하면서부터다.

이후 맹자의 사상은 송나라 시대에 이르러 과거 시험의 문제로 오르기도 했으며, 주자朱子가 『사서집주』에서 '논어', '대학', '중용'과 함께 '맹자'를 주석함으로써 **공자를 잇는 아성으로서 맹자의 입**

지가 굳어졌다.

맹자는 성선설을 주장한 것으로 유명하다.

그는 '고자장구告子章句'에서 다음과 같이 말하였다.

孟子曰, 乃若其情, 則可以爲善矣, 乃所謂善也, 若夫爲不善, 非
才之罪也, 惻隱之心, 人皆有之, 羞惡之心, 人皆有之, 恭敬之心,
人皆有之, 是非之心, 人皆有之, 惻隱之心仁也, 羞惡之心義也,
恭敬之心禮也, 是非之心智也, 仁義禮智, 非由外鑠我也, 我固有
之也, 弗思耳矣, 故曰求則得之, 舍則失之

맹자께서 말씀하셨다. 그 타고난 재질인 정情은 선하다고 할 수 있
으니, 이것이 내가 이른바 성性이 선하다고 말하는 이유이다. 불선
을 하는 것은 타고난 재질(성)의 죄가 아니다. 측은하게 여기는 마음
인 측은지심惻隱之心을 사람마다 모두 가지고 있으며, 부끄러워하는
마음인 수오지심羞惡之心을 사람마다 모두 가지고 있으며, 공경하는
마음인 공경지심恭敬之心을 사람마다 모두 가지고 있으며, 옳고 그
름을 판단하는 마음인 시비지심是非之心을 사람마다 모두 가지고 있
으니, 측은지심은 인仁이요, 수오지심은 의義요, 공경지심은 예禮요,
시비지심은 지智이다. 인의예지는 밖으로부터 내게 녹아든 것이 아
니라, 내가 본래 가지고 있는 것이지만 사람들이 생각하지 않을 뿐
이다. 따라서 '구하면 얻고, 버리면 잃는다'고 한다. 맹가 『맹자』

여기서 말하는 사람의 성性은 본성으로 해석되는 경우가 많으나,
정신적이라기보다 생리적인 성에 가깝다.

또한 맹자가 생각하는 '선善'은 인간 존재를 움직이는 근본적인 '힘'이며, 세상을 바꾸는 흐름을 만들어 내는 성질이다. 인의예지는 이 '힘'의 속성을 이르는 말이다. 선이 인위적으로 왜곡되고 비뚤어져 '악惡'이 된다.

일본에서 맹자는 처음에 그다지 잘 받아들여지지 않았으나, 에도 막부 시대에 주자학을 중하게 여기기 시작하면서부터 널리 수용되기 시작했다.

잘 알려진 저서로는 요시다 쇼인이 쓴 『강맹차기講孟箚記』를 들수 있다. 이 책은 맹자에 대한 쇼인의 강의를 정리한 책이다. 쇼인은 양명학을 따르는 학자였음에도 성선설을 주장한 맹자를 중요하게 생각했다. 쇼인은 **선을 끝까지 관철해야만 비로소 세상의 참된 변혁을 꾀할 수 있다**고 믿었으리라.

『맹자』가 오랫동안 경시되어 왔음에도 유교의 근간으로서 재평가받을 수 있었던 이유는 맹자 사상의 핵심인 '선'으로 상징되는 '힘' 때문이었다. 이제야 시대가 맹자의 사상을 따라잡았다고 말해야 할지도 모르겠다.

지금의 국가는 항상 '선'이라는 관점에서 비판받으면서 유지되어야만 하기 때문이다.

『순자』

인간의 본성은 '악'이다

순황 (기원전 313년경~기원전 238년경)
전국시대 후기에 중국에서 새로운 유교를 풀이했다. 그의 가르
침을 이어 나간 제자로는 법가가 있다.

전국시대 후기에 이르러 유가는 분열되었다. 『한비자』 '현학편'에
는 이를 두고 다음과 같이 말한다.

儒分爲八, 墨離爲三
유가는 여덟 파로 나뉘었고, 묵가는 세 파가 되어
取舍相反不同
같은 것을 가지고 왈가왈부한다 한비자 『한비자』

유가의 여러 파들은 각자의 주장을 내세우면서 격렬하게 대립했
다. 그중에서 중요한 여덟 개의 학파를 팔류八流라고 부른다. 자장
子張, 자사子思, 안씨顔氏, 맹씨孟氏, 칠조씨漆雕氏, 중량씨仲良氏, 손씨係

氏, 악정씨藥正氏가 그들이다. 이중 '손씨'가 순자가 속한 학파다. 순자는 그의 책에서 손경孫卿 또는 손경자孫卿子라고도 불리며, 다른 책에서는 손자孫子라는 헷갈리기 쉬운 이름으로도 불렸다. 이러한 이름들의 기원에 대해서는 여러 설이 있지만 지금의 중국 산서 지방에 있던 순나라 공실公室의 자손이었기 때문이라는 설이 정설로 받아들여진다.

순자의 이름은 황況이고, 조나라 출신으로 순경荀卿이라고도 불렀다. 경卿은 존칭이 아니라 자字라는 설도 있다. 순자는 40대 후반에 들어 진나라를 방문하였고, 50대에 이르러서는 제나라로 유학을 갔는데, 그 이전의 기록은 전혀 찾아볼 수 없다.

순자는 신랄한 비판자였다.
순자는 '비십이자편' 6장에 이렇게 썼다.

假今之世, 餙邪說, 文姦言, 以梟亂天下 (……) 矞宇嵬瑣, 使天下混然不知, 是非治亂之所存者, 有人矣
지금 세상에 사설을 꾸미고 간사한 말을 주고받아 천하를 혼란스럽게 만들고 (……) 떠들썩한 거짓말과 불필요한 고집으로 천하를 분별없게 하여 옳고 그름과 치세와 난세가 있다는 사실을 알지 못하게 하는 사람이 있다. 순황『순자』

순자는 묵가와 도가에 대한 비판을 넘어 유가에 대해서도 비판했

다. 그중에서도 맹자의 '성선설'에 맞서 **'성악설'**을 주창한 것으로
유명하다.

그는 맹자에 대하여 다음과 같이 논박했다.

孟子曰, 人之學者其性善, 曰, 是不然, 是不及知人之性, 而不察
乎人, 人之性僞之分者也
맹자가 말하기를 사람이 학문하는 것은 그 본성이 선하기 때문이
라 했는데, 사실은 그렇지 않다고 생각한다. 이 말이 사람들의 본
성을 이해하는데 미치지 못하였고 사람의 본성과 인위를 분별하여
살피지 못했기 때문이다. 순황 『순자』

순자는 사람이 가진 '선'이라는 성질은 후천적으로 형성되고, 인간
이 가진 본성은 '악'이라고 지적했다.
　　그는 이 비판 정신에 따라 이전까지 **종교적 '가르침'이라 여기던
유교를 '사상'으로 탈피시키고자 했다.** 그러기 위해서는 유교를 그
저 '이상'으로 설명하는 맹자를 부정해야 했다.
　　그러나 한편으로 순자와 맹자에게는 서로 통하는 부분도 있다.
순자는 '강국편'에서 이렇게 썼다.

若是其悖繆也, 而求有湯武之功名, 可乎. 辟之是猶伏而咶天, 救
經而引其足也, 說必不行矣.
이같이 도리에 어긋나는 잘못을 저지르면서 탕湯왕이나 무武왕의

공적과 명성을 구하다니, 가당키나 한 일입니까? 비유하자면 이는 곧 엎드려 하늘을 핥는 일이며, 목매단 사람을 구한다고 하면서 그의 다리를 잡아당기는 일과 같습니다. 말만 하고 마땅히 행하지 않는 것입니다. 순황『순자』

순자는 덕을 베풀지 않고 실천 없이 그저 무력만으로 고대 성왕(탕왕과 무왕)과 같은 공적을 얻으려 하는 일은 엎드려서 하늘을 핥는 일이나 목을 매려 하는 자를 살리려고 하면서 다리를 당기는 일과 같다고 말한다.

『맹자』'양혜왕장구'에도 이와 비슷한 구절이 나온다.

莅中國, 而撫四夷也, 以若所爲, 求若所欲, 猶緣木而求魚也
중국을 지배하고 사방의 이민족들을 거느리고 싶으신 것이지요. 이와 같은 방법으로 그 바람이 이루어지실 바라는 것은 마치 나무 위에 올라가서 물고기를 찾는 일과 같습니다. 맹가『맹자』

맹자도 순자가 말한 바와같이 무력만으로 다른 나라를 정복하려는 것은 나무에 올라 물고기를 잡으려는 모양새와 같다고 말한다.
　맹자는 이상을 설파하고, 순자는 사상을 쌓아올렸다. 그러나 두 사람이 지향하는 바는 같았다고 말할 수 있다.
　한편 순자의 제자인 한비자韓非子는 스승의 가르침을 더욱 정교하게 다듬어 발전시키면서 법가를 집대성한다. 그리고 법가는 후에 중국을 통일한 진나라의 중심 이데올로기가 된다. 순자의 또 다른 수제자인 이사李斯는 진나라의 재상이 되어 시황제에게 분서갱유를 제안했다. 이 때문에 많은 유학자들이 죽음을 피하지 못했고, 셀 수 없을 정도로 많은 서적이 불에 탔다.

이사가 재상이 되었다고 전해 들은 순자가 진나라를 도망쳐 빠져나왔다는 이야기도 있지만, 당시에는 이미 순자가 사망한 뒤라서 이는 신빙성이 떨어진다. 만약 정말로 당시에 순자가 살아 있었다면 도망치는 일 따위 하지 않고 제자들을 신랄히 비판하지 않았을까?

안타깝게도 순자의 엄격한 비판 정신은 제자들에 의해 통치 이데올로기로 추락해 버렸다.

그리고 유교라 불리는 거의 모든 사상들 역시 이와 비슷한 전철을 밟게 되었다.

⑥⑤ 『숫타니파타』

붓다의 목소리에 가장 가까운 경전

붓다 (기원전 5세기경)
불교의 창시자. 그의 가르침은 그 형태를 바꾸어가며 오늘날까지 전해져 내려오고 있다.

붓다라는 이름은 '깨달은 사람'이라는 뜻이다. 어쩌면 누군가는 지은이의 이름을 붓다가 아니라 '고타마 싯다르타'라 써야 한다고 말할지도 모르겠다. 그러나 그가 불교의 깨달음을 얻은 후 그의 주변인들은 고타마 싯다르타를 '붓다'라고만 칭했고, 자신도 예전 이름으로 불리기를 거절했다고 하니 『숫타니파타』를 소개하면서는 감히 '붓다'라는 이름을 고집하고 싶다. 참고로 '고타마'란 '커다란 소'라는 뜻이라고 한다.

『숫타니파타』는 불교에서 가장 오래된 경전이다. '숫타'는 글(経)을 의미하고, '니파타'는 집성(集)을 뜻하여 『경집経集』이라 번역하는 경우도 있다. 오래된 마가다어(아르다마가디어)로 쓴 글을 팔리어로 번역했다고 추정된다. 그 이유는『숫타니파타』의 4품과 5품에 팔리어와는 다른 마가다어적 요소가 들어 있기 때문이다.

『숫타니파타』는 이른바 남전불교, 상좌부불교의 장경으로 오늘날 스리랑카, 미얀마, 태국에 전해 내려오는 팔리어 성전『남전대장경』에 수록되어 있다. 그러나 오랜 기간 동안 **한자나 산스크리트어로는 번역되지 않았다.**

대략 2400~2600년 전 우파니샤드 철학(브라만교)과 자이나교의 발흥기에 붓다는 뒷날 '불교'가 되는 가르침을 말로 전하기 시작했다. 붓다가 세상을 떠난 후 제자들이 스승의 말을 이어받아 원시 불교 경전을 만들었다. 이때 마지막 제자 아난다의 역할이 컸다고 전해진다.

『숫타니파타』가 만들어진 정확한 시기는 알 수 없지만 시詩 부분은 아소카왕 시대(기원전 268년~기원전 232년)에 쓰여졌다는 해석으로 미루어 보아 붓다가 살았던 시대로부터 100여 년 후라고 어림잡아 볼 수 있다. 그럼에도『숫타니파타』는 현재 남아 있는 경 중에서 **붓다의 목소리에 가장 가까운 경**이라 할 수 있다.

『숫타니파타』는 모두 5품으로 나뉘어 있고, 70경, 8편의 송창(6만 4000 음절), 1156 게송을 품는다. 이 숫자는 번역된 책에 따라 약간의 차이가 있다.

이 중 4품 '여덟 편의 시'와 5품 '피안에 이르는 길'은 다른 품보다 먼저 만들어진 경으로, 원래는 각각 따로 읽히던 경이었다.

『숫타니파타』에 기록된 5품의 기본 내용은 다음과 같다.

1품 뱀의 비유

12경 223게송

뱀의 독을 빼듯, 뱀이 묵은 허물을 벗어 버리듯, 분노를 버려라.

해탈하여 무소의 뿔처럼 혼자서 가라.

2품 작은 장

14경 184게송

언제나 바른 신념을 갖고, 방심하지 말라.

3품 큰장

12경 365게송

붓다의 전기, 그의 출가와 수행에 대하여.

나아가 업보와 윤회 사상, 바른 실천에 대해 풀이한다.

인간의 존엄은 타고난 것이 아니라 행동과 마음가짐에서 온다.

4품 여덟 편의 시

16경 210게송

불교의 참뜻을 살펴볼 수 있는 품이다.

모든 집착에서 벗어나라는 가르침을 전한다.

5품 피안에 이르는 길

16경 174게송

피안이라는 열반에 관하여, 또 그 열반에 달하는 길을 밝힌다.

『숫타니파타』는 한자어로 번역된 부분이 적어 일본에는 거의 전해지지 않았다. **번역된 경이 사람들에게 널리 알려진 것은 20세기에 들어서면서부터였다.**

　『숫타니파타』는 그 뛰어난 가르침 때문에 오늘날에도 충분히 두루 읽힐만한 요소를 가지고 있다.

'여성에게는 성불할 수 있는 기회가 없다.' 일본에서 전해 내려오는 속담에서 보듯 현대 사회에서도 불교와 여성에 대한 차별은 떼어 놓고 생각하기 어렵다. 더구나 여성에게는 다섯 가지 상애, 즉 '오장五障'이 있어 범천, 제석천, 마천, 전륜성왕, 부처님이 될 수 없다는 이야기도 있다. 또한 고승 중 한 사람인 렌뇨蓮如는 『어문御文』에서 '삼종三從'이라 하여 여성은 "어려서 아버지를 따르고, 출가해서는 남편을 따르며, 늙어서는 자식을 따른다"라고 말한다.

그렇다면 깨달음을 얻고, 모든 사람은 평등하다고 설파했던 붓다도 이와 같은 생각을 가졌던 것일까? 그렇지 않다.

시리아 왕의 대사인 메가스테네스라는 그리스인은 인도 마우리아 왕조의 찬드라 굽타 왕을 만난 일을 『인도지』라는 여행기로 남겼다. 그 내용 중에 다음과 같은 짤막한 이야기를 찾아볼 수 있다.

인도에는 놀랄 만한 사실이 있다. 바로 여성 철학자들이 존재하고, 그들이 남성 철학자들과 같은 위치에서 난해한 문제에 대해 당당히 논의한다는 것이다! 메가스테네스 『인도지』

이는 붓다 열반 후 100년 정도 뒤의 일을 기록한 글이지만, 얼마 지나지 않아 해석된 팔리어 불전에 따르면 붓다는 세상보다 앞서 '남녀평등'을 주창했음을 알 수 있다.

팔리어로 쓰인 『데리가타』라는 경전이 있다. '데리'란 '여성 수행자'를 이르는 말이며, '가타'는 부처의 공덕을 찬송하는 시를 의미하는 게偈를 뜻한다. 이와 한 쌍을 이루어 남성 수행자의 게를 담은 『데라가타』도 있다.

　『데리가타』는 팔리어로만 전해지고, 전체 내용을 옮긴 한문 번역본이나 티베트어 번역본은 없다. 이 경전에 실린 시는 틀림없이 붓다가 생전에 쓴 시라고 볼 수 있으나, 제대로 묶인 시기는 아소카왕 시대이거나 그보다 조금 후로 보인다.

　『데리가타』에서 붓다는 여성 수행자들에게 남성 수행자들과 차별을 두지 않고 말을 건넨다. 예를 들어 붓다는 여성 수행자에게 "어서 오십시오"라고 인사할 때 "에히ehi"라고 말한다. 이는 상대에게 가장 높은 존경을 드러내는 인사이다. 당시에는 인사를 건네는 상대의 '계급'에 따라 단어를 달리 써서 말하곤 했다.

인도의 신분 체계 중 제2계급인 크샤트리아에게는 "아드라바(달려오십시오)", 제3계급인 바이샤에게는 "아갓챠(이리 오거라)", 제4계급인 수드라에게는 "아드하바(빨리 움직여라)". 그러나 붓다는 여성 수행자를 대할 때에도 제1계급인 브라만을 향해 건네는 인사인 "에히(어서 오십시오)"라 인사를 건넸다.

붓다의 교단에 여승이 들어오기 시작한 것은 붓다가 깨달음을 얻은 지 15년이 지난 뒤였다고 한다. 붓다를 키운 부모이자 숙모인 마하 파자파티 고타미가 스무 명이 넘는 여성을 데리고 출가를 청하러 왔다.

붓다는 처음에 이를 거절했다. 도대체 어느 정도의 각오를 하고 출가를 결심했는지 시험하고 싶었던 것으로 보인다. 이를 본 제자 아난다가 "존경하는 스승님, 여성은 아라한과(번뇌를 끊은 자리)를 얻을 수 없습니까?" 하고 물었다. 그러자 붓다는 "아난다여, 여성도 출가하여 수행하면 모든 번뇌를 끊을 수 있다"고 대답했다.

이리하여 마하 파자파티는 출가를 인정받아 붓다의 교단에 늘어갈 수 있었다. 이때 붓다가 비구니가 지켜야 할 여덟 가지 조건인 팔중법八重法을 덧붙였다는 이야기가 전해지는데, 이는 붓다가 내세운 조건이 아니라 후세에 남존여비 사상을 가진 자들이 더한 거짓이라 여겨지고 있다.

붓다는 갖가지 '차별'을 '토끼의 뿔'이나 '거북이의 털'처럼 이름만 있을 뿐 실재하지 않는 것이라고 말했다.

그 당시 인도 사회는 물론 중국이나 고대 그리스에서는 오늘날까지도 이어져 오는 숭고한 사상을 발전시켰으나, 오직 하나 여성을 업신여기는 생각으로부터는 자유롭지 못했다.

다만 단 한 사람 붓다만이 그런 생각으로부터 자유로웠다.

⑥⑥ 『마하바라타』, 『라마야나』

도대체 왜 싸워야만 하는가?

저자 미상 (기원전 200년경?)
인도에 전해 내려오는 대표적인 연극 작품. 철학적이고 종교적
인 내용으로 구성되어 있다.

모든 일은 베트남에 대한 연극 〈US〉를 연습하는 중에 인도 소년이
나에게 남긴 불가사의한 말 '마하바라타'에서 시작되었다. 소년이
불러온 영감은 이미지로 새겨져 나의 마음속에서 오래도록 지워지
지 않았다. 두 진영이 맞선 상태로 서로를 마주 보고 있고, 당장이
라도 서로의 목숨을 끊으려는 긴장감이 돈다. 그 사이에서 왕자가
일어나 묻는다.

도대체 왜 싸워야만 하는가?

나는 몇 번이고 이 이미지를 다시 떠올렸다. 피터 브룩 『피터 브룩 회
고록』

연극 연출가 피터 브룩의 회상이다. 전설이 된 연극 〈마하바라타〉

는 한 소년에게서 영감을 얻은 이미지를 바탕으로 만들어졌다. 이 연극은 상연 시간이 9시간에 달하는 대작이다.

『마하바라타』는 기원전 200년에서 기원후 200년 사이에 만들어진 것으로 보이는 또 다른 서사시『라마야나』와 함께 오늘날에 더욱 사랑받는 인도의 2대 서사시다.

이 두 서사시는 성전으로서『베다』와 어깨를 나란히 한다. 그중에서도『마하바라타』에 수록된『바가바드기타』를 **힌두교도들은 최상의 성전으로 받들고 있다**.

『마하바라타』는 '바라타족의 전쟁을 이야기하는 대서사시'라는 뜻으로 열여덟 권으로 나뉘어 있으며, 10만 송(송은 16음절 2행 시를 의미한다)의 시구로 이루어져 있다. 이와 더불어 1만 6000송의『하리반샤』가 보태어지는 경우도 있다. 바라타족 판두왕의 다섯 왕자와 쿠르의 백 명의 왕자 사이의 다툼과 전쟁이 주된 내용이다.

피터 브룩이 영감을 얻었던 씬은『마하바라타』중『바가바드기타』의 한 장면이었다.

양쪽의 군대가 전투를 개시하기 위해 서로 마주 보고 있는 상황에서 판두의 왕자 가운데 한 명인 아르주나는 이렇게 중얼거린다.

"전쟁에서 자신의 친족을 죽여서 어떤 선善을 얻기를 바란다는 말인가." 나카무라 하지메 선집 결정판『힌두교와 서사시』

아르주나가 품은 위와 같은 의문에 대해 그의 마부이자 스승인 크

『마하바라타』 속 쿠룩세트라 전투 일러스트

리슈나는 "정의로운 싸움을 피해서는 안 된다"고 설득한다.

크리슈나는 사실 힌두교 3대 신 가운데 하나인 비슈누 신과 한 몸이다. 그의 가르침에도 망설이는 아르수나에게 비슈누의 신 크리슈나는 이렇게 말한다. "최고의 신 비슈누에 귀의한다면 어떠한 악인이라도 용서받을 수 있다. 모든 사람은 그리고 모든 카스트는 비슈누로부터 구원을 얻는다."

여기에서 나타난 사상은 일본의 불교 종파 중 하나인 정토진종淨土真宗에서 말하는 '악인정기惡人正幾', 즉 악인을 구제하는 일이 아미타불의 진정한 목적이라는 뜻과 비슷하다.

『마하바라타』는 **무인인 크샤트리아의 이야기다. 브라만은 조연 역할에 지나지 않는다.** 이 부분도 무사가 정권을 쥐고 있던 일본을 떠올리게 한다. 일본 불교가 오히려 브라만교와 비슷하다는 설이 있는 이유는 바로 이런 면에서 비롯되었을지 모른다.

『라마야나』는 '라마'와 '아야나(걸음)'의 합성어로 '라마의 생애'라는 뜻이다. 이 책은 2행 1시로 이루어진 2만 4000가지 게송으로 구성되어 있다. 그 아름다운 문체는 카비아체라고도 불리며 후세의 시 작품에도 많은 영향을 끼쳤다.

이 책은 주인공 라마 왕자가 마왕 라바나에게 아내 시타를 빼앗겨 그녀를 구하기 위해 싸우는 내용을 담고 있다.

『라마야나』 이야기는 아주 먼 옛날부터 다른 나라에도 널리 알려졌다. 인도네시아의 '와양 쿨릿'은 이 이야기를 소재로 한 유명한 그림자극이다.

또한 발리섬의 남성 무용극 '케챠' 역시 『라마야나』를 소재로 한 작품이다. 극에 나오는 원숭이 무리를 흉내 내는 합창이 유명하다. 태국에서 차크리왕조부터 대대로 국왕의 호칭이 '라마'인 이유는 『라마야나』가 그 기원이 되었기 때문이라는 설도 있다.

이 밖에도 거대한 벽화나 무대연극인 '라콘', 그림자 연극인 '낭 야이' 등이 민중에게 친숙한 문화로 널리 자리 잡았다. 중국의 『**서 유기』에 나오는 손오공은 『라마야나』에서 주인공 라마를 구하는 역할을 하는 하누만이 모델**이라는 설도 있다. 하누만은 빠른 스피드로 하늘을 날아다니는 원숭이이다.

덧붙여 『라마야나』의 후반부에는 라마 왕자의 아내 시타가 정절을 의심받는 가운데 자식을 낳는다. 그리고 스스로 정절을 증명하기 위해 대지의 여신을 깨우고, 여신의 양팔에 안겨 땅속으로 사라진다.

『고사기』에서 니니기노미코토에게 정절을 의심받은 고노하나 사쿠야히메가 집에 불을 지르고 불꽃 속에서 삼주三柱의 신을 낳는 에피소드가 떠오르는 대목이다.

『마하바라타』는 성자 비야사가 작자라고 전해지고, 『라마야나』는 라마의 두 자식에게 '라마야나' 음송을 전수한 바르미기가 작자라고 전해진다. 그러나 이 두 가지 설 모두 확인되지 않은 설에 불과하다.

간디도 『마하바라타』의 핵심 내용인 『바가바드기타』를 열심히 읽었다고 한다. 비폭력주의자인 간디와 전쟁 이야기의 조합이 기묘하다 생각할지도 모르겠다. 하지만 분명 간디도 몇 번이고 같은 질문을 되풀이했으리라.

도대체 왜 싸워야만 하는가?

『사기』

인생의 모든 것을 걸고 쓴 역사책

사마천 (기원전 145년경?~기원전 87년경?)
중국 전한 시대의 역사가이자 관료. 자신의 삶을 역사를 기술하는 데 바쳤다.

'어쨌거나 기껏해야 성력星曆에 관한 업무를 담당하는 데 지나지 않는 태사령 신분 주제에 사마천이 너무나 불손한 태도를 보인다는 건 모두가 동의하는 바였다. 하지만 이상하게도 이릉李陵의 가족보다 사마천이 먼저 형벌을 받게 되었다. 다음날 그는 정위廷尉(형벌을 맡아보던 벼슬)에게 내려보내졌다. 형벌은 궁宮(남성의 생식기를 잘라 내는 형벌)으로 정해졌다.'

　'후대를 사는 우리가 사기의 저자로 알고 있는 사마천은 너무나도 유명하지만, 당시 태사령 사마천은 그저 하찮은 사무직 관리에 지나지 않았다. 명석한 두뇌의 소유자임은 분명했지만, 자기가 똑똑하다고 지나치게 시건방을 떨어 인간관계가 좋지 않은 사람, 논쟁을 하면 상대방에게 결코 지지 않는 사람, 언제나 고집이 세고

잘난 체하고 남을 업신여기는 성질이 비뚤어진 사람으로만 알려져 있었다. 그가 궁형에 처해졌다는 이야기는 그다지 놀랄 만한 일도 아니었다.' 나카지마 아츠시 『역사 속에서 걸어 나온 사람들』

위 문장은 나카지마 아츠시의 소설 『역사 속에서 걸어 나온 사람들』의 구절이다. 이 소설은 역사적 사실을 바탕으로 한다. 실제로 사마천은 흉노의 포로가 된 이릉을 변호하다가 한나라의 왕 무제武帝의 노여움을 사서 끔찍한 형벌을 받았다.

사마천은 태초 원년(기원전 104년)에 태사령으로서 태초력太初曆(오늘날 우리가 사용하고 있는 음력 달력이 이 태초력을 바탕으로 만들어졌다─옮긴이)을 제정하였고, 같은 해에 아버지가 맡긴 평생의 업이었던 『사기』의 집필을 시작했다.

그로부터 6년 후인 천한天漢 3년(기원전 98년)에 궁형을 받는 처지가 되었다.

중국의 사서 가운데 조정에서 정당한 역사서라고 인가한 사서는 24종류가 있다. 이를 이십사사二十四史라 부르기도 한다. 그중에 가장 첫 번째 사서가 『사기』다. 한나라 무제 때 친부인 사마담이 쓰기 시작한 사서를 아들 사마천이 끝맺음했다.

사기는 여러 왕조에 걸친 오랜 역사를 다룬다. 이러한 역사를 통사通史라 부르는데 '이십사사' 가운데 통사의 형식을 가진 사서는 『사기』뿐이다. 나머지는 대체로 한 왕조를 중심으로 시대를 구분 지은 사서인데, 이를 통사와 구별하여 '단대사斷代史'라고 한다.

이러한 '정사正史'는 모두 '기전체紀傳體'라는 형식으로 적는다. '정사'는 황제의 전기를 기록하는 '본기本紀'와 황제 이외 신하들의 업적을 기록하는 '열전列傳'으로 이루어진다. '본기'를 '기紀', '열전'을 '전傳'이라 줄여서 '기전체'라고 한다. 그리고 황제에 대한 글을 ㅇㅇ기, 그 외 신하들의 이야기를 ㅇㅇ전이라고 기록한다.

기전체 외에 연대별로 역사를 쫓은 '편년체編年體', 중요한 사건을 따로따로 적은 '기사본말체紀事本末體'가 있다. 이들의 장점만을 따른 형식이 기전체인데, 기전체는 단순히 각각의 전기를 모아 정리하기만 한 것이 아니었다.

황제의 기록인 '본기'는 각각의 황제가 다스렸던 시대를 종합한 기록이자 여러 황제의 역사적 업적을 정리한 기록이다. 당시 '중화 사상'의 관점에서 황제란 사람이 아닌, 하늘의 뜻을 받은 천자天子였고, 그의 역사를 쓰는 일은 국가의 역사를 쓰는 일과 같았다.

또한 본기를 쓰는 일만으로는 각 시대의 천문지리와 문화 제도에 대한 기록이 빠지기 십상이었기에 사마천은 이들을 모두 '서書'로 정리하였다. 게다가 사마천은 제후諸侯에 대한 기록으로 '세가世家'를 썼다. 이는 중화 통일 이전 봉건시대의 각 지역 왕가를 다루기 위해 쓴 기록이다. 그리고 이를 모두 주제별로 연표로 정리하여 '표表'를 만들었다.

이로써 『사기』는 본기 12권, 열전 70권, 표 10권, 서 8권, 세가 30권으로 짜였다.

『사기』는 동양 문화에 큰 영향을 미쳤다. 『사기』에서 유래한 말인지도 모르고서 『사기』가 기원이 된 고사성어를 쓰고 있는 것만 보아도 그 영향력의 크기를 알 수 있다.

양약고구良藥苦口, 와신상담臥薪嘗膽, 사면초가四面楚歌, 주지육림酒池肉林, 배수지진背水之陣, 결일자웅決一雌雄, 방약무인傍若無人, 백발백중百發百中 등 셀 수 없을 정도로 많다.

이토록 방대하고 섬세한 기록은 예부터 사람을 사로잡는 힘이 있었고, 지금도 많은 사람을 매료하고 있다. 일본의 작가 시바 료타로司馬遼太郎가 자신의 필명을 '사마천에 한참 미치지 못한다'라는 의미를 담아 지었다는 일화는 유명하다.

중국에서 사서의 존재는 특별하다. 단순히 역사책의 역할을 넘어 왕조의 정체성 그 자체이기 때문이다. 억울한 죄로 인해 형벌을 받은 사마천은 바르게 역사를 기록함으로써 이 세상에 천도天道라 불러 마땅한 바른길이 반드시 있다는 신념을 이 책에 담았다고 전해진다. 나카지마 아츠시는 사마천의 마지막을 다음과 같이 묘사했다.

『사기』 130권, 512만 6500자가 완성된 것은 이미 무제의 죽음이 가까워져 올 즈음이었다. 열전 제70편 태사공자서太史公自序의 마지막 글자를 쓰고 붓을 놓았을 때 사마천은 책상에 기댄 채로 망연자실하였다.

완성한 글을 관청에 제출하고, 이를 알리려고 아버지의 무덤을 찾았을 때까지만 해도 긴장감이 돌았으나 이 모든 일을 마치자 갑작스레 허탈감이 밀려왔다. 빙의가 끝난 무당이라도 된 듯이 몸도 마음도 기운이 빠져 맥없이 주저앉았다. 고작 예순을 조금 넘긴 그였지만 한 번에 10년도 더 나이를 먹은 것처럼 핼쑥해졌다. 이렇듯 빈 껍데기만 남은 태사령 사마천에게는 무제의 죽음도, 소제昭帝의 즉위도 이제 아무런 의미도 없는 것처럼 느껴졌다. 나카지마 아츠시 『역사 속에서 걸어 나온 사람들』

『삼국지』

정사로서의 『삼국지』, 이야기로서의 『삼국지연의』

진수 (233년~297년)
삼국시대 후 통일된 진나라에서 황제를 섬긴 관료.

『삼국지』는 중국의 삼국시대(220년~280년) 역사를 기록한 역사서다. 사람들이 흔히 알고 있는 소설이나 만화로 그려진 '삼국지'는 『삼국지연의』라는 '역사소설'이다.

『삼국지』라는 역사서는 모두 65권으로 진나라 시대에 진수가 기록했다.

후한 시대 말, 황건의 난(184년)이 일어나 나라가 혼란에 빠져 분열되었고, 결국 위, 촉, 오 세 나라가 따로따로 황제를 세워 서로 전쟁을 벌이게 되었다. 결국 위나라의 실권을 쥐고 있던 사마씨가 세운 진나라가 삼국을 통일한다. 『삼국지』는 이 삼국시대에 대한 기록이다.

『삼국지』를 쓴 진수는 촉나라에서 233년에 태어났지만, 위나라를 계승한 진나라에서 황제를 섬기며 사서를 썼기 때문에 **세 나라 중에서 위나라의 정통을 따르고 있다.** 진수의 부친은 유명한 읍참 마속泣斬馬謖(아까운 인물이지만 책임을 물어 엄벌한다는 뜻으로 제갈량이 자신이 아끼던 인재인 마속을 패전의 책임을 물어 처형했다는 이야기에 기원한다─옮긴이)이라는 고사성어 속에 나오는 그 마속의 휘하에 있던 장수로서, 그와 함께 처형되었다고 전해진다.

『삼국지』는 기전체 형식을 따르고 있으나 제왕의 업적을 기록한 제기와 주요 인물의 전기인 열전만으로 이루어져 있다. 세가, 지, 표는 기록하지 않았다.

이 책은 모두 『위서』 30권, 『촉서』 15권, 『오서』 20권으로 이루어져 있다.

위나라의 조씨만이 황제 칭호 아래 '기紀'로써 기록되었고, 촉나라 유씨는 선주전先主傳과 후주전後主傳, 오나라 손씨는 오주전吳主傳과 삼사주전三嗣主傳이라는 이름으로 '전傳'으로 기록되었다.

송나라 시대인 426년 7월, 중서시랑 배송지裵松之가 『삼국지주』라 불리는 주석을 덧붙였다. 『삼국지주』는 진수가 채택하지 않은 기록에서 누락된 사실들을 모아 『삼국지』의 내용을 보완한 역사서이다.

역사서 『삼국지』보다 더 잘 알려진 삼국지, 즉 『삼국지연의』는 역사서 『삼국지』가 나오고 수백 년이 지난 뒤 만들어졌다.

흔히 『삼국지연의』의 저자를 나관중으로 알고 있지만 나관중은 과거부터 전해져 내려온 여러 민담을 정리하여 완성했을 뿐, 독창적인 창작자라고 볼 수 없다.

『삼국지연의』는 촉나라를 정통으로 따르며 위나라를 적으로 묘사하고 있다는 점에서 사서 『삼국지』와 다르다. 이렇듯 촉나라를 중심으로 이야기를 풀어내는 경향은 송나라 시대 이후 두드러지게 나타난다. 송나라 시대에 주희가 자신의 저서 『자치통감강목資治通鑑綱目』에서 "촉나라야말로 정통 국가다"라고 쓴 이후에 이러한 견해가 주류를 이루게 되었다.

현존하는 가장 오래된 『삼국지연의』의 판본은 서문에 실린 홍치 7년(1494년 명나라 시대)이라는 기록을 근거로 해서 '홍치본'이라 불린다. 하지만 이 '홍치본'은 사실 가정 연대(1522년~1566년 명나라 시대)에 간행되었으리라고 추측된다. 널리 퍼진 『삼국지연의』는 청나라 강희 연대(1662년~1722년 청나라 시대)에 모륜과 모종강 부자가 비평을 덧붙여 120장으로 나눈 판본이다.

물론 『삼국지연의』에는 사서 『삼국지』에 없는 허구적 이야기가 많다. 그러나 완전히 마구잡이로 이야기를 지어낸 책은 아니었다. 적어도 실재하는 등장인물이 태어나고 죽은 해는 『삼국지』에 맞추었다. 하지만 『삼국지연의』에서 대중적 인기를 끈 유명한 에피소드 중 몇 가지는 역사서 『삼국지』를 충실하게 반영한 이야기라고 볼 수 없다. 그 예로는 유비, 관우, 장비가 의형제를 맺기로 맹세한 '도원결의', 유비가 제갈공명의 거처에 세 번이나 찾아가 그를 영입한 '삼고초려', 제갈공명이 남만왕을 일곱 번 잡고 일곱 번 놓아주어 남만을 복속시킨 '칠종칠금', 제갈공명이 성문을 열어젖혀 사마의를 속인 '공성계' 등을 들 수 있다.

'적벽대전'에 대해서도 정사正史에서는 이를 자세히 언급하고 있지 않기 때문에 적벽이 있는 장소가 어딘지조차 확실히 밝혀지지 않았다. 적벽대전에 관한 여러 에피소드도 『삼국지연의』에서 허구로 지어낸 이야기가 많다. 제갈공명이 금세 화살 10만 개를 모았다는 계략도 정사에서는 제갈공명이 아니라 손권이 다른 전쟁에서 사용한 책략이라고 전해진다. 그리고 정사를 읽으면 유비의 군대는 적벽에서 이렇다 할 활약을 하지 못했다.

　그러나 이러한 허구의 내용은 무미건조한 역사적 사실들의 연속으로만 보일 수 있는 역사서가 이야기로서 어떻게 하면 더 풍요로워질 수 있는지를 우리에게 보여 준 좋은 본보기가 되었다. 허구적인 내용이 마치 역사적 사실인 것처럼 느껴지게 하고, 그것을 읽는 독자가 '아, 사실이었으면 좋겠다' 하고 바랄 수 있도록 쓰는 일이 역사소설의 목표가 되었다.

『삼민주의』
현대 중국을 탄생시킨 사상

쑨원 (1866년 ~ 1925년)
중국의 역사를 바꾼 정치가. 그의 호를 따 손중산이라고도 불린
다. 중국의 혁명을 꾀했다.

쑨원은 '**중국 혁명의 아버지**'이며 중화인민공화국과 중화민국(대만)
모두의 인정을 받는 '국부國父'다. 『삼민주의』는 쑨원이 주창한 혁명
사상의 핵심을 보여 주는 정치적 이념이다.

'삼민三民'이란 '민족', '민권', '민생'을 한데 부르는 말로 각각 '민족
주의', '민권주의', '민생주의'를 뜻한다.

처음 그가 삼민주의 사상 체계를 구상하기 시작했을 때는 앞서
말한 삼민과는 다른 강령을 내세웠다. '만주족 축출', '중화 회복',
'민국 창립', '토지 소유의 균등'이 바로 그것이다. 이는 중국동맹회
의 창립 선언문이기도 했다.

이후 '만주족 축출'과 '중화 회복' 부분이 '민족주의'로, '민국 창

쑨원

립' 부분이 '민권주의'로, '토지 소유 균등' 부분이 '민생주의'로 발전한다.

　1924년, 쑨원은 이러한 이론을 바탕으로 정립된 사상을 정리하여 『삼민주의』를 출판했다.

　먼저 쑨원은 '민족주의'에 관하여 이렇게 말한다. **"민족주의는 곧 국족주의國族主義이다."** 다시 말하자면 이전까지 가족과 종교를 우선으로 하여 결집했던 중국이었으나, 지금부터 국가를 가장 우선시한다는 원칙이다.

이 사상은 나중에 신해혁명을 거치며 '오족공화五族共和'로 발전한다. 쑨원이 주창한 '오족공화'란 한족(대다수의 중국인), 만주족(청나라 왕조를 만든 만주를 기원으로 하는 민족), 몽골족(몽골을 기원으로 하는 민족), 회족(신장 위구르 민족, 무슬림이 주를 이루기 때문에 이러한 명칭으로 불린다), 장족(이른바 티베트족)을 통합해 하나의 중국을 이루자는 뜻이다.

쑨원은 처음에는 배만흥한排滿興漢(만주족을 타도하여 청나라 왕조를 멸망시키고, 한족을 나라의 주인으로 만든다)을 주창했으나, 서양 열강의 제국주의를 타파하는 일이 우선이라고 생각을 고쳤다.

'민권주의'란 군주에 의한 군권을 무너뜨리고 인민에 의한 민권으로 나라를 통치해야 한다는 의미다.

쑨원은 정치를 '정권政權'과 '치권治權'으로 나누어 생각했다. '정권'은 선거권(대표를 선거할 권리), 파면권(관료를 파면할 권리), 상세권(법률을 시행할 권리), 복결권(악법을 폐지할 권리) 네 가지로 나뉜다.

'치권'은 행정권(정치를 집행할 권리), 입법권(새로운 법률을 제정할 권리), 사법권(법으로 재판할 권리), 고시권(공무원을 임명하고 면직할 권리), 감찰권(공무원을 감시할 권리) 다섯 가지로 나뉜다. 이른바 오권분립五權分立이라 불리며 이는 삼권분립三權分立보다 두 가지 권리를 더 가진다. 쑨원의 이러한 사상은 중국국민당의 '오권헌법五權憲法'으로도 이어지고 있다.

쑨원은 인민이 갖는 네 가지 '정권'으로 정부의 다섯 가지 '치권'

을 관리하는 체계를 이상적이라 보았다.

민생은 인민의 생활, 사회의 생존, 국민의 생계, 대중의 생명이라고 하겠습니다. (……) 그 문제는 다름 아닌 사회문제라고 할 수 있지요. 그렇기에 민생주의는 곧 사회주의를 의미하는 것으로 또한 공산주의라고도 불리며 이것은 곧 대동주의인 것입니다. 쑨원 『삼민주의』

쑨원은 마르크스를 찬양하고 그 사상에 동조하였지만, 마르크스가 주장한 사회주의를 중국 사회에서 실행할 수는 없다고 생각했다. 당시 중국은 사회적 불평등보다 국민 모두의 가난이 더 큰 문제였기 때문이다. 그는 사회자본의 축적이 충분하지 못한 상태에서 마르크스의 이론을 그대로 적용시키는 것은 옳지 않다고 생각했다. 이에 따라 '대동주의'라는 중국식 사회주의, 공산주의가 등장한다.
    쑨원은 『예기』에 나오는 '큰 도가 행해지면 천하의 모든 일이 공평해진다大道之行也, 天下爲公'는 문구를 자주 썼으며, 이 사상을 계급이 없는 이상적인 사회로 나아가는 길이라 생각했다. 이는 유교의 고전 『예기』에서 대동주의를 찾은 강유위康有爲의 사상과도 닮았다.

⑦⓪ 『코란』

이슬람교에 대한 오해를 풀어 줄 책

무함마드 (7세기경)
이슬람교의 창시자. 마지막 예언자로서 알라의 가르침을 널리
알리는 데 생애를 바쳤다.

『코란』은 이슬람교 성전聖典으로 무함마드가 가르침을 받은 유일신 **알라의 말씀을 정리하여 기록한 책**이다.

동아시아에서는 '코란'이라는 이름이 정착되었지만, 본래는 '꾸란'이라는 발음에 더 가깝다. '코란'의 어원은 아랍어가 아니다. 어디에서 유래된 이름인지는 정확히 알려진 바가 없으나 시리아어 '케리아나'에서 빌려 쓴 말이라는 설이 가장 유력하다.

코란은 본래 음독해야 하는 성전이다. 묵독해서는 안 된다. 목소리를 내어 낭송해야만 알라의 가르침을 제대로 이해하고, 그 가르침이 몸에 스며든다 여기기 때문이다.

이슬람교에 대한 일반적 인식은 매우 천박하고 비뚤어졌다. 여기

버밍엄대학 도서관에 소장 중인 세계에서 가장 오래된 『코란』의 원고 일부

서는 이러한 몇 가지 예를 들어 그 인식을 바로잡아보겠다.

예컨대 무슬림(이슬람교도)은 하루에 다섯 번 기도를 드려야 한다. 이를 살라트라고 하는데 사우디아라비아 메카에 있는 카바 신전을 향해 기도를 올린다. 해 뜨기 전부터 밤까지 정해진 시간에 행하며, 기도 시간은 계절에 따라 변한다.

이런 점 때문에 무슬림은 시간도 장소도 가리지 않고 기도만을 우선시한다고 생각하는 사람들이 있다.

그러나 『코란』에서는 어쩔 수 없는 상황이라면 한 번에 몰아서 기도를 드려도 괜찮다고 설명하고 있다. 그마저 허락되지 않는 상황이라면 그만큼 종교세(자카트)를 내면 된다. 그리고 예배를 드리는 조건도 그리 엄격하지 않다.

다른 나라로 여행을 떠났을 때, 만약 신앙이 없는 자들을 만나 괴롭힘을 당할까 염려된다면 예배를 간략하게 올려도 괜찮다. 신앙이 없는 자들은 진정 그대들의 공공연한 적이다. 무함마드 『코란』

또 무슬림이 여성을 심하게 차별한다는 인식도 있다. 하지만 예언자 무함마드는 당시 당연한 일처럼 행해졌던 여아 살해(태어난 아이가 여자아이면 사막에 생매장함)를 금지했고, 이혼에 조건을 두었으며(그전까지는 "네 등은 마치 우리 어머니의 등처럼 생겼구나" 같은 이유만으로도 이혼을 당하기 십상이었다), 아내를 네 명으로 제한하고(당시는 돈만 있다면 몇 명이든 아내로 둘 수 있었다), 미망인에게 재산 상속권을 주었다(남편이 죽으면 미망인을 맨몸으로 내쫓는 경우가 많았다).

끝내 이혼하고자 한다면 (내쫓길 처지가 된) 그 여자에게 만일 백이라는 대금을 치른 후라 하더라도 땡전 한 푼 돌려받을 수 없다. 어찌 행하지도 않은 죄를 끌어다 중상모략까지 하여 돈을 돌려받으려하는가. 무함마드 『코란』

한편에서는 이슬람교가 기독교나 유대교를 적대시한다는 인식도 있지만, 본디 코란은 기독교도나 유대교도를 무슬림과 같이 '성전을 모시는 사람들'이라 여기고 서로 존경하도록 가르치고 있다. 예를 들어 무슬림은 다른 종교 신자와 결혼할 수 없다는 규정이 있는데 기독교나 유대교 신자와는 결혼할 수 있다. 그러나 불교 신자와는 결혼할 수 없다. 그리고 무슬림들은 예수 그리스도를 '이사Isa'라 부르며 탄생일인 크리스마스를 축하하기도 한다.

또한 무슬림 가운데 테러리스트가 많다는 인식 때문인지 『코란』을 호전적 사상을 가진 성전이라 오해하는 사람들이 많다. 그러나 '이슬람(신에게 복종과 귀의한다는 뜻)'의 발음과 '살람(평화라는 뜻)'이라는 단어의 발음이 비슷하여 신자들은 '이슬람'에 대해 이야기할 때 언제나 '평화'를 생각한다.

덧붙이면 코란에는 "자비는 깊이, 자애는 널리"라는 알라를 향한 찬사가 각 장마다 나온다.

만약 당신이 나를 죽이려 손을 뻗는다 하여도, 나는 당신을 죽이려 손을 뻗지 않겠습니다. 나는 모든 것의 주인인 알라가 당신보다 두렵기 때문입니다. 무함마드 『코란』

21세기인 오늘날, 이슬람교는 많은 편견에 가려져 그 참된 모습을 들여다보기 어려운 실정이다. 신자가 되지 않는다 하더라도 코란을 한번 읽어보면 그런 편견으로부터 멀어지는 한 걸음을 내딛을 수 있지 않을까.

이 책의 편집과 출판에 관여한 사람으로서 독자들에게 두 가지를
말씀드리고 싶다.

하나는 '고전의 활용법'이다. 고전은 옛날 책이기 때문에 분명 읽기
어려운 점이 있지만, 그만큼 오랜 세월에 걸쳐 많은 사람들로부터
(이것은 굉장한 일이다!) 품질이 보증된 책이다. 이러한 고전이 뛰어난
지혜를 품고 있다는 사실은 의심할 여지가 없다.

　새로운 무언가를 창작할 때 무에서 유를 창조해 내는 일은 아주
어려운 일이다. 그렇기에 아이디어가 되었든, 작품이 되었든 고전
을 바탕으로 오랜 지혜에서 힌트를 얻어 무언가를 창조하는 방법
을 사용하면 효과적이다. 이를 위해서는 고전을 흉내 내거나 발전

시켜서 새로운 창조물로 만드는 훈련을 해야 한다.

이러한 방법과는 별개로 고전이 가르쳐 주는 지혜와 완전히 반대되는 생각을 할 수도 있다. 이 또한 새로운 창조로 이어진다.

역사적으로 보면 셀 수 없이 많은 사람들이 이 두 가지 방법을 사용해서 수많은 아이디어를 만들어 낼 수 있었다.

독자에게 또 들려주고 싶은 다른 하나의 이야기는 '요약본의 효능'이다.

독서를 할 때 "요약본을 읽는 것은 그다지 좋은 독서 방법이 아니다. 원서를 읽어라"라고들 한다. 이 말도 맞는 말이긴 하지만, 읽어야 할 고전이 너무나 많은 것도 사실이다. 이럴 때는 좋은 요약본을 훑어보고 대략적인 내용을 이해하는 일이 중요하다.

현대 사회에서는 무엇이든 요약하여 이해하는 자세가 필요하다. 저 사람은 어떤 사람인지, 저 나라는 어떤 나라인지, 저 기계는 어떤 기계인지, 그 하나하나에 대한 대략적 내용, 즉 요약한 내용을 제대로 파악하고 대처하는 게 좋다. 고전을 읽을 때도 마찬가지다. 대략 어떤 작품인지 먼저 요약본으로 훑어보고, 그중에서 몇 편이 정말 읽고 싶어진다면 그때 그 책을 처음부터 끝까지 제대로 읽으면 된다.

요컨대 먼저 알맞은 요약본을 훑어보는 일이 중요하다. 이 책은 이런 목적을 가진 분들에게 아주 적합한 책이고, 그분들을 다음 단계까지 이끌어 주는 좋은 안내자 역할을 해 줄 것이다. 진심으로 추천하고 싶은 책이다.

이 책의 저자인 히비노 아츠시는 실제로 서점을 운영하면서 평온한 나날을 보내고 있다. 아니, 그렇다고 해서 일이 바쁘지 않은 것은 아니다. 그는 마음속 깊이 책을 좋아하고, 독서를 좋아하는 사람이다. 그는 엄청난 호기심의 소유자다. 나도 『성서』, 『영웅전』, 『신곡』, 『방법서설』, 『파우스트』, 『잃어버린 시간을 찾아서』, 『구토』 등 정독한 책이 몇 권 있으나 이 요약본을 읽고 난 후 새삼스럽게 새로운 창조에 대한 기대감으로 마음이 부풀어 오르고 있다.

감수자 아토다 다카시

아토다 다카시阿刀田 高

소설가, 수필가. 1935년 도쿄에서 태어났다. 단편소설의 대가로서 880편 넘는 작품을 썼다. 그중 여러 작품이 드라마로 만들어졌다. 와세다대학교 불문학과를 졸업하고 국회도서관 사서를 거쳐 작가가 되었다. 단편 소설집 『나폴레옹광』으로 나오키상을 수상했고, 『신 트로이아 이야기』로 요시가와 에이지 문학상을 받았다. 그리스 신화의 다이제스트 북 『그리스 신화를 아십니까』 외에 세계 종교 다이제스트 3부작 『구약성서를 아십니까』, 『코란을 아십니까』 등의 저서가 있다.

옮긴이 | 민윤주

번역가, 통역가. 영국 UCL대학교에서 화학을 전공하고, 일본 도쿄대학교 공과대학원에서 석사 학위를 받았다. 일본 금융업계에서 애널리스트로 일하면서 일본인과 일본 문화에 대한 지식을 넓혔다. 영화제의 일본어 통·번역가, 공연 관련 영어 통·번역가로 활약했다.

옮긴이 | 김유

작가, 번역가. 일본 도쿄대학교 대학원(석사·박사)을 졸업하고 도쿄여대 비교문화연구소 연구위원과 영국 케임브리지대학교 동양학부 방문연구원을 지냈다. 한국의 여러 대학에서 가르쳤다. 한국, 일본, 대만에서 저서와 번역서를 냈다. 최근 번역한 책으로『무타협 미식가』가 있다.

요약의 신이 떠먹여 주는 인류 명저 70권

초판 1쇄 발행 2020년 6월 25일
초판 3쇄 발행 2022년 1월 3일

지은이	히비노 아츠시	펴낸곳	㈜허클베리미디어
옮긴이	민윤주, 김유	출판등록	2018년 8월 1일
펴낸이	반기훈		제 2018-000232호
편집	반기훈, 서동빈	주소	06300 서울특별시 강남구
디자인	this-cover.com		남부순환로 378길 36 4층
		전화	02-704-0801
		이메일	hbrrmedia@gmail.com

ⓒ Takashi Atoda, Atsushi Hibino 2016
ISBN 979-11-965629-9-1 03010
Printed in Korea.